马雷军◎总主编

生命安全课教师指南

（幼儿园）

武世龙/主编

中国轻工业出版社

图书在版编目（CIP）数据

生命安全课教师指南. 幼儿园／武世龙主编. —北京：
中国轻工业出版社，2016.2
ISBN 978-7-5019-7651-5

Ⅰ.①生… Ⅱ.①武… Ⅲ.①安全教育－学前教育－教学
参考资料 Ⅳ.①G613.3

中国版本图书馆 CIP 数据核字（2016）第 029380 号

责任编辑：刘云辉　　责任终审：劳国强　　封面设计：刘　珍
版式设计：王志利　　责任监印：张　可

出版发行：中国轻工业出版社（北京东长安街 6 号，邮编 100740）
印　　刷：永清县晔盛亚胶印有限公司
经　　销：各地新华书店
版　　次：2016 年 2 月第 1 版第 1 次印刷
开　　本：710×1000　1/16　　印张：13.5
字　　数：220 千字
书　　号：ISBN 978-7-5019-7651-5　　定价：32.00 元
邮购电话：010－65241695　　传真：65128352
发行电话：010－85119835　85119793　　传真：85113293
网　　址：http://www.chlip.com.cn
Email：club@chlip.com.cn
如发现图书残缺请直接与我社邮购联系调换
151617Y1X101HBW

编委会

总　主　编：马雷军

本书主编：武世龙

本书副主编：林李楠　王子恩　张　兆

本书编委：金　哲　黄　婷　张依婷　刘　旭　刘　威　宋秋实　尚　红　关凤华

总 序

孩子是家庭的希望，学生是祖国的未来。校园安全是教育的存在之本和发展之源，学校安全教育工作是否到位，直接关系到广大学生能否安全、健康地成长，关系到亿万家庭的切身利益，关系到社会的稳定发展。因此，加强学校安全教育，是学校教育工作中的一项重要内容，是教育科学发展的有力抓手，是学生获得全面健康发展的重要保证。

当前，我国处于经济发展的战略机遇期，同时，也是矛盾多发期，社会上还存在种种不和谐的现象，还有许多影响中小学生安全的外在因素，校园安全工作责任重于泰山。

安全是人们生活中极为重要而又很容易被忽视的问题。一方面，传统教育使中小学校教育、家庭教育的价值取向偏重于认知教育，而忽略对生命个体存在价值和生命质量的关注，安全教育停留在消极的保护状态。这也是造成中小学生安全意识弱，生存、自护、自理能力差，适应能力、抗挫折能力差，影响学生全面发展的主要原因；另一方面，随着社会经济的发展和教育改革的不断深入，中小学生的活动领域越来越广泛，自然灾害、突发事故时有发生，对广大师生的生命安全造成了极大的威胁。因此，重视和加强校园安全教育，是保证育人环境和学生健康成长的关键和前提。

青少年是21世纪的接班人，是祖国的希望和未来。学校安全教育搞得如何，直接关系到广大学生能否健康成长，关系到广大群众的切身利益，关系到社会稳定、民族兴旺和国家前途。加强校园安全教育是学生生命发展的需要，有利于学生的健康成长，有利于增强学生的生命意识和正确观念的形成，有助于培养其面临危险和灾难时的自信心和判断能力、自我保护能力、自救互救能力和对社会安全的贡献力，有利于社会、学校和家庭的和谐发展。

“一所没有安全保障的学校是不合格的学校；一个不具备安全意识的教师是不称职的教师”，保障孩子们的安全，是广大中小学校和教育工作者义不容辞的责任。中小学校和教师是开展生命教育、校园安全教育的承载者，是开展教育活动的主体和具体实施者，在培养中小学生自护自救能力、防灾逃生能力，帮助学生掌握遇到危险时自护、自救、逃生和报警的基本方法等方面，发挥着不可替代的作用。

本套书是帮助中小学教师开展教育教学活动和进行安全知识授课的指导丛书，主要包括以下两方面内容：

一是不同学段学生各类安全事故的预防与应对：依据不同学段学生的心理和生理特点，以分类的方式对各类安全事故的预防与应对进行认知性描述，具有知识性、系统性和可操作性的特点。

二是不同学段安全教育课程的教学设计：每个学段各类安全事故的预防和对应知识点2~4个。课程教学设计主要包括教学内容、教学设计、教学素材和知识链接四个层面。课程设计的安全知识深入浅出，充分考虑到不同学段学生的理解能力、学习能力和现实需求。

本丛书是在国家大力推进基础教育改革、加大中小学校安全教育的背景下编辑出版的，希望能对中小学安全教育任课教师和班主任开展校园安全教育教学及相关活动有所帮助和引导。书中引用并参考了很多相关文献及理论著作，在这里向有关作者表示衷心感谢！

由于能力和知识水平有限，书中难免有不足之处，敬请专家和广大教师赐教。

编　者

2015年11月于沈阳

P 前言 reface

《幼儿园教育指导纲要（试行）》明确指出："幼儿园必须把保护幼儿的生命和幼儿的健康放在工作的首位。"做好安全工作是保证入园幼儿身心健康发展的首要任务，关系到家庭和社会的稳定，只有在安全的基础上，才能谈教育，谈多种模式；只有安全，孩子们才能开心地在幼儿园成长。而我们有些幼儿教师在一日活动中却忽视了对幼儿安全意识的培养，使幼儿在园发生一些不应出现的事故，给幼儿及家庭造成了伤害。因此，如何减少意外伤害的发生，提高幼儿的生存质量，已越来越成为家庭、幼儿园乃至整个社会关注的问题。

幼儿园教育不仅要满足幼儿各方面发展的需要，还要让幼儿知道必要的安全保健知识，学会保护自己。为了让幼儿园教师更好地上好安全课，本书从五部分展开论述：预防和应对社会安全类事故，预防和应对公共卫生类事故，预防和应对意外伤害类事故，预防和应对自然灾害类事故，预防和应对影响幼儿安全的其他事件。本书对加强幼儿人身安全方面的教育，提高家长和幼儿的安全意识和自我防范能力具有实践指导意义。

编　者

目录 Contents

第一部分　预防和应对社会安全类事故

本部分针对幼儿年龄小、安全意识薄弱、安全防护能力差的特点，介绍了几种在生活中常见的社会安全类事故，主要包括陌生人的侵袭、绑架或要挟、交通事故以及火灾等，并教会幼儿这类社会安全类事故的预防与应对策略。通过该板块的学习，教育幼儿从小树立安全意识，学会确认危险的存在，远离危险境地。

第二部分 预防和应对公共卫生类事故

本部分针对幼儿分辨与认知能力差的特点，对幼儿的不良生活习惯、饮食习惯带来的后果进行基本的介绍，并教会幼儿正确认识自己的身体，学会保护自己的隐私部位。通过对本章节的学习，教会幼儿如何发现和预防因不良习惯带来的隐藏性危险，同时改正自己的不良习惯，并提醒同伴的不安全行为，避免伤害事故的发生。

第三部分 预防和应对意外伤害类事故

本部分针对幼儿因年龄小，好奇心强又好动，喜欢户外活动等特点，对幼儿在户外活动、游戏以及室内活动中可能出现的意外伤害情况进行讲述。通过本板块内容的学习，使幼儿在户外活动中学会如何预防意外伤害，游戏时发生意外事故如何处理，以及在室内如何科学地用电、防止触电以及发生事故后如何正确实施解救办法，让儿童远离意外伤害事故，更加健康地成长。

第四部分　预防和应对自然灾害类事故

本部分针对幼儿的认知结构与心理特点，对雷电、水灾、地震三类较为常见的自然灾害做基本的论述，以及对这三类自然灾害的预防与应对策略，其主要内容包括雨天防雷电击的方法、水灾发生时自救方法以及地震时安全自救的常识等。该板块的学习能够有效地帮助幼儿园儿童做好对此类自然灾害的应对措施，掌握基本的自救方法，提高保护自己的能力，同时培养其安全和自救的意识。

第五部分　预防和应对影响幼儿安全的其他事件

本部分针对幼儿身边存在的微小却重要的隐患进行讲述，对玩具、游戏的选择做了具体的介绍，同时针对幼儿分辨能力弱的特点，对幼儿身边的异物会带来的危险如何发现和预防进行了介绍。要求教师及家长学会挑选玩具，带领幼儿做合适的游戏，同时防止幼儿身边可能会出现的安全隐患，让儿童更加健康地成长。

第一部分

预防和应对社会安全类事故

内容提要

本部分针对幼儿年龄小、安全意识薄弱、安全防护能力差的特点，介绍了几种在生活中常见的社会安全类事故，主要包括陌生人的侵袭、绑架或要挟、交通事故以及火灾等，并教会幼儿这类社会安全类事故的预防与应对策略。通过该板块的学习，教育幼儿从小树立安全意识，学会确认危险的存在，远离危险境地。

第一课　危险境地莫慌乱

在现实生活中，由于幼儿年龄小、安全意识薄弱、安全防护能力差，甚至经常碰到陌生人的侵袭、绑架或要挟。所以，安全问题时时存在，危险处处可能发生，这应引起大家的广泛关注和教师的重视。正如《幼儿园教育指导纲要》（以下简称《纲要》）中指出，“幼儿园必须把保护幼儿的生命和促进幼儿的健康放在工作首位”，因而教给他们如何进行自我保护更是重中之重。不安全因素时时存在，教给幼儿如何进行自我保护是幼儿园教师势在必行、责无旁贷的任务。

一、教学内容

幼儿危险自救是指幼儿在一个危险环境中，在没有他人的帮助扶持下，靠自己的力量脱离危险。为了幼儿的健康成长，父母和教师必须加强对孩子们的安全教育，提高未成年人的自我保护意识和能力。

（一）幼儿安全自救知识

1. 与家人走散

小朋友如果在商场熙熙攘攘的人群中突然找不到爸爸妈妈了，怎么办？首先记住：不要慌张，在原地等一会儿，也许爸爸妈妈就在不远的地方找你。如果还不见父母，可就近求助民警或保安，一定要说清楚爸爸妈妈的名字；还可请商场工作人员用广播帮助寻找。

提示：不要漫无目的地乱跑，切勿随便找一个人告诉他你的爸爸妈妈不见了。幼儿园平时应当开展防走失、防拐骗的安全教育与演练，通过演习、做游戏、讲故事等多种方式，增强孩子的自我保护意识，提高其自我保护能力。能让孩子记住自己所在幼儿园的名称、家长的电话、家庭住址，教育其不要单独外出，不要跟陌生人走，遇到紧急情况要向民警或者其他可靠的人员求助。教师要教育幼儿记住自己的名字、幼儿园的名称以及父母的姓名、工作单位和家庭住址，并记住必要的电话号码。不要随便和陌生人讲话，不要陌生人的东西。遇到坏人时要大声喊叫，知道向民警求助。在公共场合要跟紧大人，不随意停留。

2. 被人勒索

一些小朋友在放学回家的路上遇到被人勒索的情况，该怎么办呢？这时，尽量说些好听的话，告诉他们自己没有带钱，避免发生冲突。如果他们继续纠缠，就跟他们说去向同学借，趁机逃跑。如果这样不行，就尽量拖延时间，看到有大人从旁边路过时要大喊以获得他们的帮助。事后，把路上发生的事情告诉父母和老师。

提示：小朋友们放学后要结伴回家。

3. 陌生人与你说话

星期天，你独自一人在花园里玩儿，有个陌生人告诉你爸爸被汽车撞了，正在医院里急救，他要你和他一起去看爸爸。这时，你怎么办？首先不要轻易相信他的话，他可能是骗你的坏人。记下他的特征，继续走你的路。如果他还紧跟不舍，就要边喊救命边喊民警叔叔；或者向人多的地方跑。

提示：千万不要轻易相信和你搭话的陌生人，遇到此种情况不要理他，并尽快走开。

4. 家中有小偷

如果你外出回家时，发现家里门锁已被人弄坏或是发现家里的门开着，而你肯定家里大人这时没有回家，你应该想到家里有可能进了小偷。

提示：此时千万不要进家门，更不要大喊大叫。应该赶快去邻居家请大人帮忙拨打“110”报警，或者去熟悉的商店等公共场所报警求助。

5. 被人跟踪

假如你独自走在上学的路上，发现有个陌生人在跟踪你，这时你怎么办？马上加快脚步，甩掉那个陌生人，跑到学校报告老师，或是赶快跑到附近商店或公共场所，向附近的警卫或保安人员求救，请大人们帮你报警。在安全的公共场所给父母打电话，请他们来接你，并在保安人员身边等待父母。

提示：如果陌生人在身旁纠缠你，你要大声呼救。

6. 别人给你不明药物

当你独自一个人时，忽然来了一群你们幼儿园大班的小朋友，其中一人让你吃一片不明药物或喝饮料，这时你怎么办？

提示：小朋友在此情况下要说“不”，然后迅速走开。如果他们还一直纠缠你，就跑向老师办公室或大人身边。①

（二）幼儿危险自救的注意事项

1. 充分发挥环境的教育作用

环境在幼儿的教育中起着潜移默化的作用，直观的形象对幼儿起着积极的影响。因此，对幼儿的安全教育可以通过营造一个安全教育环境，让幼儿在环境中逐步认识到安全的重要性，并学习在遇到危险时如何自救。例如，将基本的自救方法绘制成生动的图片、挂画，悬挂在幼儿园的走廊和教室内，教师们还可和幼儿一起制作不同的安全标志符号牌装饰教室。各班可以通过创建区角的方式，将幼儿自救知识融入幼儿的游戏中，利用环境教育将自救知识渗透进幼儿的日常生活中，增强幼儿的安全自救意识。

2. 运用游戏的方式，提高幼儿的自救能力

游戏是幼儿学习的重要方式，也是幼儿喜欢的形式之一。教师要利用这一有效形式加强幼儿安全教育，将安全教育知识融入游戏过程中，使幼儿在潜移默化的过程中掌握安全知识。例如，可以将幼儿被绑架自救的知识和幼儿的角色游戏结合起来，在这一过程中教师将正确的自救方式告知幼儿，幼儿因为身处情境中，能更好地掌握该自救知识并加以练习。

3. 发挥幼儿园和家长的双重作用，提高幼儿的自救能力

在对幼儿的安全教育中，教师和家长应当同步对幼儿进行教育，这样才能使幼儿的安全教育处于一个连贯的系统之中，切实为幼儿的成长营造一个安全教育的氛围，从而提高其安全意识。在幼儿园中，教师可以对幼儿进行系统的安全教育，教给幼儿基本的求生技能。但是，并不是教师教了幼儿就能掌握，还需要家长在日常生活中抓住适当的时机巩固幼儿学习

① http：//blog.zjhnedu.com/user/8090/archives/2015/70564.htm.

的自救知识。例如，教师可以邀请家长参与到幼儿的安全教育活动中，请家长帮助巩固幼儿对基本知识的掌握，并监督幼儿的日常行为。①

二、教学设计

【例1】

小心接触陌生人

（一）活动目标

（1）能区分陌生人与熟人。

（2）知道不吃陌生人给的食物，拒绝陌生人碰触自己的身体。

（3）知道跟陌生人走时，要征得老师和家长的同意。

（二）活动准备

（1）每个幼儿准备家人、熟人、陌生人的照片各3～4张。

（2）饼干、巧克力、玩具适量。

（三）活动过程

1. 出示照片，引导幼儿学习区分陌生人和熟人

（1）请幼儿把照片上的人按家人、认识的人、不认识的人分成三组，说一说每一组都有谁。

（2）小结：爸爸妈妈、爷爷奶奶等都是家人，认识的人是熟人，不认识的人则是陌生人。

2. 引导幼儿讨论、交流正确理解陌生人的含义

（1）陌生人都是坏人吗？

（2）哪些陌生人是好人？哪些陌生人是坏人？为什么？

小结：陌生人中有好人也有坏人。很多陌生人都是好人，医院里的医生能给患者看病，清洁工人能给我们带来干净整洁的环境，民警能保护大家的安全，所以他们是好人。但陌生人里也有一些坏人，他们看上去和好人一样，但是会想一些坏主意，做一些坏事，欺骗小朋友，有的还会伤害小朋友，所以遇到陌生人时，要多加小心。

---

① 刘文英. 幼儿园安全教育常识［M］. 石家庄：河北大学出版社，2012：101－102.

3. 教师和幼儿进行游戏“遇到陌生人”，引导幼儿学习与陌生人正确交往

教师扮演陌生人，走到某个幼儿面前搭话并请他（她）回答，引导全体孩子思考、讨论：你同意他的说法吗？怎样回答更好？

陌生人：“婷婷，给你一块巧克力，可好吃了！”

婷婷：“谢谢你！我不认识你，我不吃巧克力，你走吧！”

陌生人摸摸瑞瑞的头和身体说：“瑞瑞，我知道你的名字，咱们做朋友吧！”

瑞瑞：“请别摸我！我不认识你，我要去找爸爸了。”

陌生人：“同同，妈妈在那边等你，让我来接你，跟我走吧！”

同同：“妈妈说好来接我的，让老师打个电话问问妈妈，妈妈同意了我才能跟你走。”

陌生人：“唉！这些小孩真机灵！”

小结：陌生人给的食物不吃也不要；陌生人触摸、拽拉自己时，要马上避开，大声告诉他不行；陌生人要带你走时，一定要有爸爸妈妈、老师的同意才可以走，爸爸妈妈、老师不知道不能走。用这些办法可以很好地保护自己。

4. 学习儿歌

幼儿园，门儿开，爸爸妈妈都进来。

毛毛妈妈没有来，急得毛毛哭起来。

陌生人，走过来，千万不要去理睬。

别乱跑，慢等待，爸爸妈妈一定来。

5. 活动延伸

请家长和孩子一起阅读幼儿安全教育书，在家做“遇到陌生人”的亲子游戏，丰富孩子与陌生人交往的经验，强化孩子的自我保护意识。[①]

---

① http://new.060s.com/article/2015/12/01/2052643.htm.

【简要评析】

通过小心接触陌生人这个活动，让更多的幼儿了解陌生人的含义。该活动不仅使他们理解“陌生人”的字面意思，而且理解其字面背后的深意。从而知道什么是陌生人，什么是熟人，能正确区分陌生人与熟人。通过该活动使幼儿知道不吃陌生人给的任何食物，拒绝陌生人碰触自己的身体，进一步知道跟陌生人走时，要征得老师和爸爸妈妈的同意，遇到相关危险时知道如何进行自我保护。活动过程中教师的总结非常重要，这不仅能够唤醒幼儿已有经验与真实情境结合起来，而且使幼儿能够有效地迁移运用所学的知识。

【例2】

走丢了怎么办

（一）活动目标

（1）引导幼儿运用已有的经验帮助走丢的朋友想出最适合的办法。

（2）大胆地表述自己的想法，培养关心他人的情感。

重点与难点：

重点：帮助走失的小朋友想出寻求帮助的最适合的办法。

难点：培养幼儿关心他人的情感。

场景创设：走丢录像三段，事先环境创设。

（二）活动过程

1.感知经验

师：我们班有三个小朋友迷路了，走丢了，让我们一起去帮助她们。

播放小朋友在马路上走丢的情景（十字路口）。

提问：××小朋友在哪儿？他怎么了？接下来怎么办呢？我们一起帮助他。

指导：

（1）引导幼儿帮助小朋友，激发关心他人的情感。

（2）鼓励幼儿大胆清楚地表达自己的观点。

小结：在马路的人行道上原地等待是最安全的方法，还可以请民警叔叔（协管也可以）帮忙。

2. 讲述经验

播放小朋友在小区里走丢的情景。

小结：可以在原地等待，也可以找小区里的门卫伯伯（阿姨），让他们打电话给爸爸妈妈或家里人，让大人来领你。

3. 提升经验

播放小朋友在超市中走丢的情景（大卖场）。

请走失幼儿讲讲当时的情景，请其他幼儿发表看法，想想可行的办法。

小结：在超市里可以原地等待，也可以找营业员和工作人员，通过广播或小喇叭，让爸爸妈妈知道你在哪里，然后来领你（继续看录像，××小朋友是怎样做的）。

4. 活动延伸

走丢了以后，爸爸妈妈会很着急，我们都不想把自己弄丢，那么我们平时和家里人一起出去的时候要注意些什么呢？（幼儿自由讲述）①

【简要评析】

本次教学活动的主要目标，是教育幼儿当其走失后如何进行自救，进行自我保护。该活动逐步引导幼儿运用已有的经验帮助走丢的小朋友想出最适合、最有效的办法，培养幼儿大胆表述自己的想法，培养其关心他人的情感，避免了以自我为中心的自私想法，让其学会宽容，学会爱。通过播放走丢情景的视频，让幼儿进一步深刻地理解走失，知道走失时最有效的办法是什么。该活动使幼儿身临其境，培养其遇到危险保持冷静的心态。活动目标设置全面、合理，注重培养良好的学习品质和人格品质。

【例3】

小兔兔迷路

（一）活动目标

（1）观察画面内容，分析图片中的人物、情节、角色以及判断他们之间的关系，能创编出故事的结尾。

---

① http：//www. jy135. com/kindergarten/anquan/201409/59583. html.

(2) 知道迷路后寻找家长的方法，和与家长出门时要紧跟家长或拉着家长的手。

(3) 知道要理解他人的需要，学会关心、帮助他人，体验得到帮助或帮助别人所获得的快乐情感。

(二) 活动准备

计算机软件。

(三) 活动过程

(1) 老师指导幼儿观察画面内容，分析图片中的人物、情节、角色以及判断他们之间的关系。“图中是什么地方？有谁？他们在做什么？发生了什么事情？”

(2) 引导幼儿学会理解他人的需要，学会关心、帮助他人。“小兔迷路后，心情会怎样？我们一起帮助他吧！这是一件多好的事情呀！”

(3) 引导幼儿知道迷路后寻找家长的方法，鼓励幼儿创编出故事的多个结尾，体验得到帮助或帮助别人所获得的快乐情感。“小兔迷路了以后，能找到自己的家长吗？它是怎样找到的？请小朋友帮他想想方法。”

(4) 总结。知道以后与家长出门时要紧跟家长或拉着家长的手。

(四) 活动反思

通过该活动，我觉得孩子的收获是很大的，以下是孩子的声音：

A. 知道迷路后寻找家长的方法，和与家长出门时要紧跟家长或拉着家长的手。

B. 走失时先在原地等一会儿，不要慌张，也许爸爸妈妈就在不远处。

C. 如果走失的地方在商场或公园，可以到公园的广播室，告诉工作人员你和爸爸妈妈的姓名、联络电话等，让工作人员帮忙广播寻找自己的父母。

D. 要乖乖地听工作人员的话，和他们一起等自己的父母来接你。[①]

【简要评析】

通过“小兔兔迷路了”这个教学活动，引导幼儿迷路后寻找家长的方法，知道迷路的危险和解救办法，从而对幼儿进行生存教育。游戏简单易

① http://www.jy135.com/html/dabanhuodong/dabanzhutijiaoan/2014/1127/61013.htm.

懂，层次分明，各环节设置合理，过渡自然。让幼儿清楚地知道与家长出门时要紧跟家长或拉着家长的手，不要因自己喜欢的事物而擅自离开父母。通过亲身体验和情境设置，增强解决不同问题的能力，增强自我保护意识，产生对迷路的、被拐骗孩子的同情心。通过帮助迷失的小兔，培养幼儿要理解他人的需要，学会关心、帮助他人，体验得到帮助及帮助别人所获得的快乐情感，做一个阳光向上、乐于助人的好孩子。

三、教学素材

相关案例

孩子们陆陆续续被接走后，翔翔的爷爷焦急地跑进教室，十分钟前他第一个接走翔翔，难道是忘记了什么吗？爷爷上气不接下气地问："老师，翔翔回幼儿园了吗?"爷爷的话犹如"惊天雷"吓出我一身冷汗。原来爷爷接走孩子后，半路上翔翔要吃烤红薯。爷爷就把电瓶车停在路边，让翔翔站在车旁等。当爷爷买好红薯，一转身，就发现翔翔不见了，他误以为翔翔又走回了幼儿园。这会儿，爷爷紧张得说话都结巴了："老师……怎么办?"我一边安抚爷爷不要惊慌，一边向园长汇报，并引导老人认真回忆当时的情景，分析后觉得孩子会不会自己走回家了。等我们赶到翔翔家时，翔翔已经回到了家，小脸上还挂着点点泪痕。细问才知道，他找不到爷爷，就边哭边凭着自己的记忆走回家了。

翔翔是一个典型的农村留守儿童，爸爸妈妈都在外地打工，平时和爷爷奶奶生活在一起。祖辈疼爱孙子，要星星不摘月亮，但与孩子交流沟通较少，在孩子的教育管理上更是有心无力。我擦净孩子小脸上的泪痕，拉着他哽咽时颤抖的小手，告诉翔翔："爷爷、老师、园长都很担心你，如果找不到家人，就站在原地等待，大人们会在最短的时间找到你。"事后电话联系翔翔的父母，希望他们能多陪陪孩子，留守的孩子缺少爱的关怀和引领，会有众多安全隐患存在。家长可以和孩子聊一聊，在超市、商场与家人走散时怎么办，引导孩子不要惊慌哭闹，可以在原地等待，也可以请营业员或民警帮忙，熟记家人的手机号码，不和陌生人走，等等。在幼儿园，我们增设了"安全岛"故事区角，提供幼儿自我保护方面的图书、画册，通过故事表演、儿歌朗诵等形式，潜移默化地渗透幼儿自我保护的知识和技能。

一天午餐时，浩浩的奶奶气呼呼地推门进班，反映孩子的膝盖上青一块、紫一块，浩浩又支支吾吾说不清楚发生了什么，奶奶怀疑是被哪个小朋友踢了！自由活动时间，只有浩浩一个人在活动室玩耍，只见他扑通一声双膝跪下去，再爬起来，又更用力地跪下去，如此反复好多次，他一点也不觉得疼，反而开心地咯咯咯直笑，嘴里还一直念着“变身！变身！”我好奇地问：“浩浩，你在玩什么这么开心啊？”浩浩自豪地说：“我是奥特曼，飞起来打怪兽呢！”与奶奶的谈话中，了解到浩浩在家爱看《奥特曼》《巨神战击队》等充满打斗场面的动画片。

浩浩活泼好动、模仿能力强，可是对身体伤害的应急保护意识差，缺乏自我保护能力，他将自己想象成动画片中的角色，不能清楚地预见自己行为的后果，从而诱发了自我伤害的危险因素。建议家长带孩子走出家门，走出电视、电脑的世界，来到大自然的怀抱中，尽情地享受亲子间的浓浓亲情。把握好孩子看电视、玩电脑的时间，甄别筛选内容积极向上、充满真善美的正能量类电视节目，可以陪同孩子一起观看，边看边聊，既引领孩子正确了解情节发展，又营造了家庭其乐融融的氛围。幼儿园同时通过家长会、家长园地等形式，向家长宣传介绍一些优秀的少儿教育视频，共同营造孩子安全、健康的成长环境。①

四、知识链接

国外幼儿园非常重视幼儿的自我保护教育，因为真实的生活是充满各种危险因素的，让孩子学会在生活中保护自我不受伤害，在他们看来是非常必要的，因此自我保护教育被作为安全教育的重要部分。由于发现幼儿独自在家应对陌生人时很容易引“狼”入室，给自己带来危险，因此，美国北卡罗来纳州的政府教育部门特别制作过主题为《不要开门》的专题节

① http：//www.yejs.com.cn/yjll/article/id/48935.html.

目，警方也专门为孩子制作了独自在家的安全手册，让孩子在涂涂画画中记住应对陌生人的一些安全守则，如接听电话时，不告诉陌生人自己的名字和地址等相关信息，有任何不对劲儿的情况，要打报警电话等。对于这样的自我保护教育，幼儿园更多的是要求家长参与，将这些安全守则转换成亲子游戏的一部分，让孩子在与家长的游戏过程中学会自我保护的技能。除了让孩子们学会避免生活中人为造成的危险，美国幼儿园每月会进行一次火灾、暴风雨等灾难的逃生演习，让孩子们掌握逃避自然危险的能力。①

① http：//www.qbaobei.com/jiaoyu/anquanjiaoyu/20140709_305752.html.

第二课 遵守交通保安全

现在的马路越来越宽，道路上的车也越来越多了，当我们带着孩子出行时，看到时走时停的车辆，一会儿变红一会儿变绿的交通信号灯，孩子一定会好奇地问。当我们站在那里等绿灯亮时，心急的孩子是否会催我们快走？这时，把交通安全知识告诉孩子就成为幼儿园教师的首要任务。

一、教学内容

在我国，交通事故是造成儿童伤亡的主要原因之一。据统计，每年有超过 35 000 名 0 ~ 14 岁儿童因道路交通事故而受伤甚至死亡。未成年儿童交通安全意识薄弱是事故频发的主要原因，而家长监护不到位则是事故发生的重要“推手”，教育行政部门、公安交通管理部门安全教育不足、监督不力也是事故诱因之一。常见的涉及幼儿的交通事故包括：幼儿接送车在接送幼儿的途中发生的交通事故；幼儿在马路上违章穿行而引发的交通事故；幼儿园门前交通秩序混乱而引发的交通事故；车辆在幼儿园内违章停靠、行驶而引发的交通事故；等等。保护幼儿免受交通事故的伤害，是家庭、幼儿园、公安交通管理部门乃至社会各界刻不容缓的责任，其中幼儿园作为保教机构，肩负的责任尤其重大。因此，交通安全教育的主要内容如下。

1. 认识主要、常见交通标志，了解这些标志的基本含义

（1）交通标线。马路上，用漆画的各种各样颜色线条是“交通标线”。道路中间长长的黄色或白色直线，叫作“车道中心线”。它用来分隔来往车辆，使它们互不干扰。中心线两侧的白色虚线，叫作“车道分界线”，机动车和非机动车在各自车道上行驶。在路口四周有一根白线是“停止线”。红灯亮时，各种车辆应该停在这条线内。马路上用白色，像斑马纹

那样的线条组成的区域就是“人行横道线”。

（2）隔离设施。交通隔离设施主要有行人护栏和绿化隔离带。行人护栏是用来保护行人安全，防止行人横穿马路走入车行道和防止车辆闯入人行道的。绿化隔离带是设在车行道上用来阻隔机动车与非机动车来往的。要告诉幼儿不要跨钻护栏或绿化隔离带，不要闯入车行道；否则有被车辆撞到的危险。

（3）交通信号灯。十字路口四面都树立着红、黄、绿三色交通信号灯，它被称为不出声的“交通警察”。红绿灯是国际上通用的交通信号灯。在交叉路口，几个方向来的车都汇集在这儿，都要听从红绿灯指挥。红灯是停止信号。红灯亮时，要停止和停止左转弯，在不妨碍行人和车辆的情况下，允许车辆向右转弯。绿灯是通行信号。绿灯亮时，准许直行或转弯。黄灯亮时，车辆要停在路口停止线或人行横道线以内。

2. 帮助幼儿形成交通安全意识，养成遵守交通规则的良好习惯

（1）人车分流。交通道路上用各种“交通标线”画出车辆、行人应走的范围，机动车要走“机动车道”。在道路上，我们可以看到各种各样的交通标志。警告标志：它是用来警告车辆、行人注意危险地段、减速慢行的标志。禁止标志：它是禁止或限制车辆或行人某种行为的标志。指示标志：它是指示车辆、行人行进的标志。指路标志：它是指明道路方向、地点、距离信息的标志。辅助标志：它是在主标志下，对主标志起辅助说明的标志。幼儿应该熟悉并且爱护这些标志，并自觉遵守相关的规定，不能随意损坏、在上面乱涂或乱画。

（2）安全走路。幼儿在人来车往的交通繁忙的道路上，要遵守交通规则，增强自我保护意识。走路要走在人行道上。在没有人行道的地方，应靠道路右边行走。走路时，思想集中，不能东张西望，不能边走边打闹、玩耍，或边走路边看书，也不能三五成群地并排行走，乱过马路，更不能追赶车辆。不要在马路上踢球、奔跑、放风筝、做游戏。司机不一定能及时刹车，不按交通信号灯乱穿马路十分危险，不少交通事故就是因为行人乱穿马路造成的。

（3）不要急穿马路。教师应告诉幼儿穿马路是很危险的。驾驶员眼睛看不到的地方，被称为“视线死角”。要是有人在车前车后驾驶员眼睛看

不到的“视线死角”内急穿马路，容易造成车祸。所以，横穿马路前要注意左右来往车辆，先左看，再右看，当看清没有来往车辆时才可以横过马路；在“人行横道”和“过街天桥”上行走，这样才比较安全。

（4）避让转弯的车辆。过马路时，除了注意来往直行的车辆外，还要注意躲避转弯行驶的车辆。当看到车辆“方向灯”闪亮时，人离车辆远一些，千万不要以为车头过了就没事了，人与车身靠得太近，就容易被车尾撞到，发生伤亡事故。

（5）集体出行。集体外出活动时，要在成人带领下整好队伍，横列不宜超过两人。行进时，靠右侧走在人行道上。要自觉遵守纪律，不随便离队，不互相追逐嬉闹，不在交通拥挤的地方集队、停留，以免影响人流、车辆通行。过马路时，应在人行横道上通过，在绿灯时，抓紧时间通过。如果队伍较长，安全通过有困难，可请交通警察协助通过。

（6）不玩车。教师应该告诉幼儿不能随便玩弄停在马路上的汽车，不能在道路间拦车、追车、吊车、向车辆投掷石块。这是十分危险和不道德的行为，也容易造成事故。当我们发现这种不良行为时，应该及时提醒，大胆劝阻。因为拦车和追车时容易和其他行驶中的车辆碰撞而发生伤亡事故。吊车时由于人小手劲儿差容易半途掉下摔伤。

（7）乘车安全。要文明乘车，确保安全。我们在等乘公共汽车时，应在站台上有秩序地候车。不要把汽油、爆竹等易燃易爆的危险品带入车内。要等车停稳后，让车上的人先下来，然后依次上车。上车后要主动买票。车辆行驶时，要坐好或站稳，并抓稳扶手，防止紧急刹车时摔倒。不能将身体的任何部分伸出车外，不能在车厢内大声叫嚷，做个文明的小乘客。下车后，要注意安全，不要从车前车后突然窜出或者跑过马路，以免发生伤亡事故。①

附：

交通安全拍手歌

你拍一，我拍一，过马路不要太着急。

你拍二，我拍二，骑车不要把人带。

---

① 雷思明. 幼儿园安全策略50条［M］. 上海：华东师范大学出版社，2013：125.

你拍三，我拍三，走人行横道才心安。
你拍四，我拍四，先下后上真懂事。
你拍五，我拍五，不做马路“小猛虎”。
你拍六，我拍六，交通安全要学透。
你拍七，我拍七，开车不要耍脾气。
你拍八，我拍八，路边护栏不乱爬。
你拍九，我拍九，施工场地绕道走。
你拍十，我拍十，安全习惯要保持。①

二、教学设计

【例1】

马路上的“红绿灯”

(一) 活动目标

(1) 通过做游戏，使幼儿初步知道过马路时，我们成年人小朋友都必须遵守交通规则。

(2) 培养幼儿遵守纪律的习惯，以及初步掌握安全小常识，从而学会自我保护的能力。

(二) 活动准备

幼儿日常生活中曾观察到的红绿灯标志的图片、交通标志的作用投影片。

用纸板做的红绿灯，红绿黄灯头饰各一个。

(三) 活动过程

(1) 出示交通安全图画，引出课题:“遵守交通安全规则”，然后老师与幼儿一起认识三种颜色的灯，并通过儿歌内容初步知道“红灯停，绿灯走，黄灯停一停”。

(2) 老师交代游戏规则。(把幼儿分成两组，一组做小汽车，另一组做小朋友步行，当汽车、行人看见红灯时都必须停下，当看见绿灯才能行走……)

---

① http://www.doc88.com/p-891111001146.html.

（3）游戏中教师注意指导幼儿遵守交通规则等。

（4）游戏完毕幼儿与教师一起小结，对遵守规则的幼儿给予表扬和奖励，并要求幼儿把这些知识带回家，和爸爸妈妈一起分享。

（5）从活动中引出日常生活中我们必须注意的安全事项：进餐细嚼慢咽、走路看路、不随意跟陌生人走等。

游戏：红绿灯。①

【简要评析】

该教学设计深刻地理解了红灯、黄灯以及绿灯的含义。通过做游戏，使幼儿初步知道过马路时，人人都必须遵守交通规则，学会遵守交通规则，不抢灯、不闯红灯，耐心地等待交通信号灯的变化。游戏内容比较简单、明了，符合幼儿的身心特点。幼儿可以根据对游戏的熟悉程度自由分组，并进行角色互换。幼儿教师在游戏结束后对遵守交通规则的幼儿进行鼓励，该次鼓励进一步增加了幼儿遵守交通规则的信心。了解了日常生活中幼儿必须注意的安全事项，如进餐细嚼慢咽、走路看路、不随意跟陌生人走等。培养幼儿掌握安全小常识，从而学会自我保护的能力，使自己免受伤害。

【例2】

安全过马路

（一）活动目标

（1）让幼儿了解一些基本的交通安全知识，知道“红灯停，绿灯行”的道理。

（2）知道过马路时要注意自已的安全，让幼儿知道不走斑马线的危险性。

（3）让幼儿学会念儿歌，进一步培养幼儿的语言表达能力。

（二）活动准备

（1）图片红绿灯、斑马线。

（2）儿歌《交通灯》。

---

① http：//wenku. baidu. com.

（三）活动过程

1. 谈话，引入主题

“小朋友们知道怎样过马路吗？过马路时应该注意些什么？”（幼儿讨论）

2. 出示图片，提高幼儿兴趣

“我们中一班小朋友太乖了，老师让你们看些图片，想不想看？小朋友们把小眼睛闭上，老师把小图片请出来，3，2，1，好了，睁开小眼睛。”

“这是什么呀？（红绿灯）小朋友们见过吗？小朋友们和爸爸妈妈上街的时候有没有见过？”（幼儿讨论）

3. 引导幼儿认识红绿灯

“中一班小朋友真棒，老师来告诉小朋友，这个是红绿灯，小朋友们跟爸爸妈妈上街的时候可以看一看，马路上的多数十字路口就有。”

4. 引导幼儿讨论

“我们中一班小朋友那么聪明，那么，你们知道要怎样看红绿灯吗？”（幼儿讨论）

5. 讲解怎样安全过马路

“小朋友说街上车多不多？危险不危险？所以小朋友们一定要知道怎样看红绿灯是不是？那小朋友们要张开小嘴巴跟老师学好不好。”

“红灯停（出示图片红灯），绿灯行（出示图片绿灯）。”（反复教幼儿三遍）

6. 引导幼儿认识斑马线

“小朋友们看，这又是什么呀？你们有没有见过”（同上，介绍红绿灯时一样）

“小朋友们张开小嘴巴跟老师念，过马路要走斑马线。”

7. 引导幼儿学习儿歌

“今天中一班小朋友表现得太棒了，老师来教你们一首儿歌好不好？每个小朋友都要张开小嘴巴跟老师读了，老师来听一下，看哪个小朋友的声音最好听，等一下我们就送小星星给他。”

8. 带幼儿读儿歌

交通灯

交通灯，会说话，
黄灯说，请注意。
红灯说，快停下，
绿灯说，请走吧。
牢记他们说的话，
按照红黄绿行动，
做个文明好娃娃。①

引导幼儿读第一遍，鼓励幼儿读第二遍，表扬幼儿读得棒，提高幼儿兴趣，读第三遍。

9. 活动延伸

“小朋友跟爸爸妈妈上街的时候还要注意些什么呀?”

（如坐公交车时先下后上，上街时要拉好爸爸妈妈的手，不能攀爬街上的护栏，等等）

请小朋友跟图片红绿灯说再见，活动结束。

【简要评析】

该设计者的主要目的是让幼儿知道“红灯停、绿灯行”的基本交通规则，并能够自觉遵守交通规则。本次教学活动让幼儿深刻地理解安全过马路的含义，知道过马路时应注意自己的安全，进一步让幼儿知道不走斑马线的危险性。该活动使幼儿了解坐车时的注意事项，如先下后上、排队上车等常识；上街时要拉好爸爸妈妈的手，紧跟父母，不随意掉队；过马路时不能攀爬街上的护栏。通过图片展示红灯、绿灯以及黄灯使幼儿更加直观地了解红灯、黄灯以及绿灯的形象。为了让幼儿深刻地记住交通规则，将交通规则熟记于心，教幼儿安全歌。该首儿歌简单易懂，容易背诵。通过念儿歌这个环节，还进一步培养了幼儿的语言表达能力。

---

① http：//new.060s.com/article/2013/06/13/767943.html.

【例3】

不在马路上玩耍

(一)活动目标

(1)幼儿懂得在马路上玩耍,不仅很危险,还会影响交通秩序。

(2)幼儿在情景练习中,学习体验不同角色的感受。

(3)培养幼儿用连贯的语言描述一件事。

(二)活动准备

(1)布置一条马路的模拟场景。

(2)表演道具:方向盘、包、球、圈等玩具。

(三)活动过程

(1)通过提问,引导幼儿对"能否在马路上玩耍"的问题进行思考、讨论。

(2)情境练习。通过扮演小朋友、司机和行人,让幼儿亲自体验在马路上玩耍时可能造成的危害。

小朋友到底能不能在马路上玩耍呢?今天,我们自己做个在马路上玩耍的小朋友,还有在马路上开车的司机和行人,看"他们"的想法是怎样的。

把幼儿分成两组,一组幼儿拿方向盘扮司机及行人,另一组幼儿拿着球、圈等,扮演在马路上玩耍的小朋友,在模拟的马路上表演。

(3)幼儿交流各自的经历和心情,初步了解在马路上玩耍可能造成的危害。

①请"在马路上玩耍的小朋友"谈一谈,在马路上玩耍时遇到了什么事?心里是怎么想的?有没有遇到危险?(马路上车辆开得快,在马路上玩儿很容易跟车辆碰到一起,很危险)

②请"小司机"谈一谈开车时遇到了什么困难,会发生什么危险?(小朋友在马路上玩耍时,车不好开,造成交通阻塞;紧急刹车时,容易和后面的车子撞上;看到前面有人玩,来不及刹车,撞倒了小朋友……)

③请"行人"谈一谈,小朋友在马路上玩耍给他人走路带来了什么影响。(挡着路,没法走路,皮球碰到了过路的人……)

④请大家谈谈：小朋友能不能在马路上玩耍，为什么？

小结：刚才，小朋友、司机和行人都说在马路上玩有很多危险，不但会影响交通秩序，引起路堵、撞车等，还容易被车子撞到，行人也会受到影响和伤害。

（4）请幼儿交换角色表演，体验不同角色的感受，加深幼儿对不能在马路上玩耍的印象。

（5）请幼儿继续交流各自的感受。要求幼儿用较为连贯的语言表述自己的经历和想法。

提问：你在马路上做什么？遇到了什么危险的事？

（6）总结。

今天，小朋友们知道了在马路上玩耍很危险，会给司机、行人造成很大的危害。我们只是在游戏、在表演，如果是在真的马路上，就会有生命危险，所以千万不能在马路上玩耍。

（7）活动结束后欣赏儿歌：

马路上，真热闹，
汽车卡车来回跑。
小朋友们要记牢，
不在路上玩和闹。①

【简要评析】

通过该次教学活动我们使幼儿知道在马路上玩耍这件事是错误的，是不应该的，是应该杜绝的。让幼儿了解在马路上玩耍不仅对自己来说很危险，还会造成交通问题，影响交通秩序，使幼儿自觉遵守交通规则，做到知行合一。通过情景练习，使幼儿学习体验不同角色的感受，学会站在他人角度思考问题。游戏内容简单、明确，符合幼儿的发展特点，游戏各环节的设置基本能够达到预期目标。通过欣赏儿歌活动使幼儿注意交通安全，避免危险。

① http：//baobao. baidu. com/question/cf00ead8b42952e55b57c146a5c84ad3. html.

【例4】

幼儿园大班安全教案：会说话的安全标志

（一）活动目标

（1）鼓励幼儿探索学习，使幼儿认清安全标志，教育幼儿不要玩火、电等危险物品，遵守交通规则。

（2）引导幼儿尝试发现，让幼儿知道应该按照安全标志的要求行动，才能既方便自己又不影响他人，培养自我保护意识和能力。

（3）通过幼儿自己动手制作安全标志，发展幼儿的想象力、创造力及动手制作的能力。

（二）活动准备

（1）多媒体课件：交通安全、严禁烟火、当心触电、禁止触摸等内容的小故事，并配备有关的安全标志。

（2）事先让幼儿收集有关的安全标志。

（3）准备一套七种幼儿安全标志：注意安全、人行横道、步行、禁止通行、严禁烟火、当心触电、禁止触摸。

（4）画纸、水彩笔、剪刀等工具材料。

（三）活动过程

1. 找安全标志

（1）激发幼儿的学习兴趣。

教师引导幼儿观看多媒体演示，就其中的交通安全小故事鼓励幼儿探索：根据什么标志过马路？

（2）提出问题，请幼儿思考。

①为什么要有这些安全标志，这些安全标志有什么作用？

②除了马路上的安全标志，你还见过什么安全标志，在什么地方见过的，它们表示什么意思？

③请幼儿继续观看多媒体演示，寻找有关的安全标志。

2. 议安全标志

（1）幼儿尝试从布袋中找出安全标志，并介绍这些标志是什么意思？

（2）讨论安全标志的用途：我们生活中为什么有这么多安全标志？它

们对我们有什么用途？小朋友想一想，如果没有这些安全标志行不行？为什么？

（3）议一议没有安全标志的危害。

①想一想、说一说，如果没有这些安全标志的危害。

②总结：每个人都生活在集体中，作为社会中的人，一定要按安全标志上的要求行动，才能既方便自己又不影响集体。如果不这样，会出现很多问题，人们的工作、生活、学习就不能正常进行。

（4）游戏：看谁找得准。

教师说出一种安全标志名称，请幼儿迅速找出相应的安全标志卡片。

3. 设计安全标志

（1）想一想，我们班、幼儿园什么地方需要悬挂安全标志。请小朋友尝试动手设计和制作，让安全标志告诉我们在什么地方做什么事情，应该怎样做。

（2）请小朋友介绍自己设计、制作的安全标志的内容和作用，并用简练的语言讲给大家听。

4. 活动延伸

幼儿找需要安全标志的地方悬挂上自己制作的安全标志，并继续探索相关的安全标志，尝试理解安全标志的含义。①

【简要评析】

活动中，幼儿作为学习的主人，激发了对安全标志的兴趣，引导幼儿自己去观察和发现、寻找各种各样的安全标志，如严禁烟火以及各种交通安全标志等。这些安全标志都是小朋友们自己找到的，因此，他们参加活动的积极性也特别高。孩子们通过自己看、问、找、画等探索活动，学会了学习，也学会了适应社会、适应集体，明白了做人的道理。

---

① http：//www. jy135. com/kindergarten/anquan/200910/22826. html.

三、教学素材

相关案例

前几年，一对夫妻带着两岁的孩子，从鄞州文化艺术中心出来，准备去公园玩耍。爸爸去开车，妈妈带着孩子，结果孩子看到路边有一个水池，撒腿跑了过去。孩子和妈妈刚好处在两辆停放着的车辆中间，孩子因为身材娇小，从车缝间跑了过去，妈妈挤不过去，一把没拉住孩子，悲剧就这样发生了。一辆白色的轿车刚好开过，虽然速度不快，但还是撞倒了孩子，并从孩子身上轧了过去。

交警提醒：孩子生性好动，突然出现在机动车道上，或随意翻爬中心隔离栏，会让司机措手不及。加上孩子自控能力和应变能力较差，发生交通意外事故的概率较大。所以，家长带孩子在路上行走时，最好手牵手。即使跟孩子分开，也要走在一起，不要相隔太远，保证伸手就能拉住。此外，马路不是游乐场，这一点家长要反复告诫孩子。①

今年4月12日，在下应菜市场公交车站点，一名5岁儿童从公交车上下来。他未走人行横道，直接从车头前横过马路，这时有一辆皮卡货车从公交车旁边经过，当即就撞上他了。幸好皮卡车当时的速度并不快，这名儿童只是受了点儿轻伤。

交通安全意识薄弱成为儿童发生事故的“致命点”，而家长平时监管不到位，放任孩子无视交通规则成为事故发生的“推手”。特别是农村地区、公路沿线等学校、村庄的儿童，家长和老师尤须教育他们不要在公路上玩耍和打闹。此外，儿童乘车安全也不容忽视。家长驾车带孩子出行时，切记不要让孩子坐在前排，一旦发生碰撞，安全气囊弹出时产生的冲击力可能会造成儿童窒息或颈椎骨折。

四、知识链接

交通安全在汽车日益普及的今天显得尤为重要。我国交通拥堵、驾驶

① http：//news. cnnb. com. cn/system/2014/05/28/008072894. shtml.

员和行人安全意识淡薄、事故伤亡人数居高不下等现象已成为久治不愈的社会痼疾。

有识之士认为，治理交通安全固然离不开健全的法规和科学管理，但交通安全教育必须从青少年抓起，甚至要在幼儿园起步。让我们来看看国外在交通安全教育方面是怎么做的。

丹麦：交通安全从娃娃抓起

丹麦对交通安全教育高度重视，明确规定，儿童6岁时就应在学校接受正规的交通安全教育，8岁时要了解预防和减少交通事故的手段和措施。

丹麦的幼儿园每周都会安排类似于散步的“徒步旅游”，即老师带领孩子们走出幼儿园，在大街上行走。走在丹麦的大街上，无论是繁华闹市，还是曲径通幽的小巷，经常可以看到几位老师带着一队孩子行走。这情景很像一群小鸭子跟在鸭妈妈后面悠闲地漫步。一路上，老师会为孩子们介绍马路上的交通标志。有时候，老师还会带孩子们乘坐公共交通工具，去附近的社区图书馆，或去远一点儿的公园。乘车的时候，老师不仅教育孩子们懂得上车要排队，要照顾老人、推婴儿车的人和残疾人，更会将沿途的交通标志一一教给孩子们识别。

丹麦政府的交通法规中有许多保证儿童安全的规定。比如，乘坐家用轿车时，7岁以下儿童必须使用车用儿童座椅，孩子骑自行车时必须戴头盔，乘坐自行车也必须戴头盔，或用安全带将双脚固定在儿童座椅上。

丹麦的冬天天黑得较早，所以家长们都在孩子的冬装上粘上能反射汽车灯光的荧光条，以保证他们的出行安全。丹麦政府还在每年冬天来临的时候，免费向幼儿园发放一种荧光牌。孩子们外出时带上这种荧光牌，很远就可以被看到，这样大大增加了安全系数。

法国：培训小孩过马路

早在2006年10月，法国有关方面就已经开始对孩子们进行“过马路”的培训。他们给8岁以上的孩子讲解道路上的危险，教他们如何过马路，并在培训结束后，给孩子们颁发“马路行走许可证”。

法国国家交通事务国务秘书多米尼克·比斯若表示，孩子们从3岁上幼儿园起，就面临着过马路的安全问题。所以，政府应该对孩子从小进行道路安全教育，让他们尽早独立而安全地过马路。

但是，承担教导孩子如何过马路任务的警官吉约姆表示，造成孩子过马路时不安全的主要原因之一是他们的身高。孩子由于个子矮小，观察范围远远小于成人，而且孩子也难以引起司机的注意，因为身高达到1.2米时，才刚刚达到车前部的高度。在培训孩子时他还发现，有些年龄小的孩子，连距离他们100米远的汽车是在行驶还是静止都无法判断。他主张，在孩子3岁时，家长和老师就应告诉他们马路上存在的危险，但是应该等到8岁后再让孩子学习独自过马路。

法国公路局给家长的建议包括：家长应该避免让孩子在8岁之前独自在路上走。8岁以上的孩子可以单独去上学，但是只能是在学校和家的距离很近，而且孩子已经在家长们的帮助下对所经之路非常熟悉的情况下。

为了加强学龄儿童的出行安全，法国公路局日前开始在法国近400个中小学校开展交通安全培训，请专门人员给家长们讲授如何让孩子遵守交通规则。

阿根廷的儿童交通法规学校

阿根廷是世界上每年死于交通事故人数较多的国家之一。为了遏制恶性交通事故不断上升的势头，阿根廷交通管理部门制定了一系列措施来加强交通法规的普及和实施。一项名为《交通安全从娃娃抓起》的计划就是这一系列措施之一。为了配合这项计划的实施，首都布宜诺斯艾利斯市政府投资70万美元，历时两年，利用原本堆放报废汽车的空地建起了全国第一所儿童交通法规学校。在学校的开学仪式上，布宜诺斯艾利斯市长奥利贝拉说，建立这所学校的目的是让孩子们从小了解交通法规，认识基本的交通标志，因为他们是这座城市未来的主人。

这所儿童交通法规学校占地面积为7 000平方米，建有一座微型的现代城市，内有800米长的高速公路及其出入口，有人行道、自行车专用道、铁路和公路的交叉口、停车场等设施，当然还竖立了各种交通标志牌。学校每天对400名小学生进行交通安全教育。上午，由交通部门的专家给孩子们上有关交通法规的理论课。下午，学生们或坐卡丁车，或骑自行车，或步行，在这座微型城市里进行遵守交通法规的实践。

美国：加强交通安全宣传

美国非常重视儿童的交通安全，除了在立法、执法方面做了大量工作之外，还不遗余力地开展交通安全宣传，让中小学生在丰富多彩的活动中树立正确的交通安全理念。

一些学校组织交通安全宣传标语、宣传画竞赛，将获奖作品张贴在进入学校区域的路边橱窗中，或是制成彩旗立于路边，以警示驾车人小心驾驶，注意学生。孩子们自己创意的宣传口号有“请慢行，我们在这里行走”“请与孩子们共用道路”“安安全全去学校”，等等。

一些学校将交通及相关安全的知识与课程紧密联系在一起。比如，在地理课上，老师会让学校画出一张由家到学校的路线图；在历史课上，老师会讲解交通工具的发展历史；在科技课上，老师将学生分成两组，观察同一类树木在交通流量不同、污染程度不同的路边外观上存在什么不同。

某小学组织的“绿树”竞赛非常新颖，在进行交通安全教育的同时，向学生灌输“绿色交通”的理念。活动中，组织者要求每名学生每天到校时将一片纸制的树叶涂上颜色，以班为单位，挂在不同的树上。步行或乘坐校车到校的，将叶子涂成绿色。乘坐公共汽车来的，将叶子涂成一半黄一半绿。乘坐私人汽车来的，将叶子涂成黄色。一段时间后，给颜色最绿的树木所属班级颁奖。

德国的“超级警察”

德国明斯特市 7 年多没发生过一起儿童交通死亡事故，不能不说是个奇迹。德国人是怎么做到这一点的？

马特提阿斯、海恩茨、克劳斯、马尔库斯、托马斯，这五位警官被明斯特市市民称为“超级警察”。他们当中有从业 30 多年的老警察，也有当了 10 年警察的中年骨干。这个由五位魁梧大汉组成的安全小分队，天天负责做些婆婆妈妈的事儿——面向儿童宣传交通安全。日前，笔者跟随小分队采访了一整天。

小分队负责人马特提阿斯告诉笔者，在德国，各种交通规则的标志有上百种，所以要学的东西很多。德国有句俗语：“从小不学会，长大了学不会。”所以他们五个人工作的重点首先放在幼儿园。

明斯特市有150所幼儿园，每个幼儿园都留下了安全小分队的身影。孩子们非常欢迎小分队，因为他们带来的礼物是一场精彩的木偶剧《可爱的驴子埃米利欧》。故事讲述的是毛驴埃米利欧如何认红绿灯和斑马线的故事，整个故事编排得充满儿童情趣。孩子们一边看一边叽叽喳喳地说个不停，而且争相发言。马特提阿斯会在每场剧之间穿插提问，比如，问孩子们见过斑马线没有，如果看见斑马线应该怎么走。孩子们的回答不仅千奇百怪，而且颠三倒四，令人捧腹大笑。马特提阿斯很耐心地听孩子们讲，然后告诉大家，正确的答案就在木偶剧里。

克劳斯向笔者介绍，他们五个人除了警察身份外，还专门接受过教育学的培训。这出木偶剧是他们和儿童教育学专家共同编排的，道具都是自己动手制作的。考虑到孩子们爱动的特点，所以每场剧的时间控制在20分钟左右。为了更好地引导孩子，又特意加上了主持人在中间的串场，因而拉近了儿童和警察之间的距离。

木偶剧结束，稍事休息后，马特提阿斯将100多个儿童分成5个小组，警察、老师和孩子们一起坐下来进行讨论，大人以平等的心态，帮助孩子们消化木偶剧的内容。如过马路时，并不是看见绿灯就可以走，还要看看来往的车辆是否停下来了，防止有粗心司机闯红灯；过斑马线，必要时打出该我先行的手势；坐小轿车的时候如何注意开关车门；等等。小朋友们争相发言，揭发父母开车违章的事。一位小朋友说："上次我坐车，爸爸没系安全带，我妈妈还闯过红灯！"警察会让老师记下这些孩子父母的名字，让他们参加下午的实践课。

下午，幼儿园大班的孩子由家长陪同一起参加路面实习。警察、老师、家长来到一个居民区，警察首先教孩子们如何观察路面的交通状况，然后指导孩子们自己过马路。

路面实习结束后，是针对家长的培训课。克劳斯分析道，在德国的儿童交通事故中，2/3的事故发生在下午3点到6点。这段时间属于家长的看护时间，所以家长的责任很重。他们组织家长们先看一段录像，分析哪些地段容易出现交通事故，然后展开讨论。

克里斯汀今年40岁，是两个孩子的母亲，笔者问她参加这样的培训课有什么收获。她回答说："培训课很有必要，学校只是通知了家长，并没有强迫都来听课，结果大家都来了，说明大家都很重视交通安全教育。我已是第三次参加这种培训课了，每次都有收获。”

整整一天内容丰富多彩、形式生动活泼的交通安全普及活动结束了，笔者真正领略到了德国人的严谨和有条不紊，同时也明白了他们为何能创造 7 年无儿童交通事故死亡的奇迹。[①]

---

① http：//www.122.cn/jtwxiang/jtbjd/581747.shtml.

第三课　消防警钟应常敲

幼儿园的教师必须教育幼儿从小树立防火意识，怎样确认与火相关的安全隐患，并教会孩子们必要的防火知识。

一、教学内容

幼儿园是幼儿学习和生活的主要场所，也是未成年人大量聚集的特殊场所。他们年龄小，活泼好动，个人表现欲强，自我约束能力差，辨明是非能力差，自我保护、救护能力差。如何做好幼儿园消防安全工作，不仅关系到幼儿园正常的教育教学秩序；关系到幼儿正常的学习和生活；更重要的是关系到幼儿能否健康成长；关系到千家万户的切身利益；关系到社会的安定团结；关系到祖国的未来和希望。所以，做好幼儿园消防安全工作，尤为重要。

（一）幼儿园火灾常见隐患及火灾预防

1. 常见火灾隐患

（1）房门不畅通（门背后常有堆积大量杂物）或只开一个门；

（2）使用大功率照明灯或电热器及使用火炉取暖跟易燃物过近；

（3）违反操作使用电子教具，造成瞬间负荷过大或电线短路；

（4）线路老化或超负荷工作；

（5）不按安全规定存放易燃物品；

（6）其他安全隐患。

2. 常见火灾预防

（1）幼儿教室火灾预防。

①学校要对教室电线进行定期检查，及时更换老化电线，防止超载引起火灾；

②定期清理教室内堆放的杂物及其他易燃物品；

③一旦发生火险火情，在场老师要迅速判断起火原因，采取果断措施，切断火源；

④有效控制火势蔓延扩大，等待救援；

⑤立即拨打报警电话救助；

稳定幼儿情绪，组织幼儿迅速撤离，撤离过程中防止发生拥挤踩踏。

（2）幼儿寝室火灾预防。

定期进行安全检查，严格遵守用电制度，严禁私自乱接电线或擅自变动电源设备。

①离开宿舍要切断所有电源；

②严禁在楼内焚烧杂物；

③不准携带易燃易爆和危险化学品进入宿舍；

④不准使用“热得快”、电热毯；

⑤不准使用酒精炉、煤油炉、煤炉等燃器具；

⑥不准占用和堵塞疏散通道；

⑦不得人为损坏灭火器具和消防设施；

⑧立即拨打报警电话。

一旦发现火险火情，管理工作人员要采取有效措施迅速切断火源，使用自备灭火器具进行灭火自救，防止火势蔓延扩大：相关人员应立即组织幼儿有序撤离，防止发生拥挤踩踏。

《消防法》第三十二条规定：“任何人发现火灾时，都应当立即报警。任何单位、个人都应当无偿为报警提供便利，不得阻拦报警。严禁谎报火警。”

在拨打“119”电话报警时，应迅速准确、沉着冷静地讲清起火处的详细地址［所在地区、街（道）名称、门牌号码或起火单位名称及所在地显著的标志等］、起火部位，起火物质，火势大小，报警人姓名以及所用的电话号码。在报警后，还应派出人员在附近的主要路口接应并引导消防车迅速到达火场。如果身边没有电话，要设法通知周围的人找电话报警。此外，报警后不要关机，以便随时与消防部门保持联系。

(二)火场逃生基本常识

一场火灾降临，在众多被火势围困的人员中，有的人葬身火海，而有的人却能死里逃生，幸免于难，这固然与火势大小、起火时间、起火地点、建筑物、报警、排烟、灭火设施等因素有关，然而更重要的是要看被火围困的人员在灾难临头时有没有避难逃生的本领。

1. 火场逃生的原则

火场逃生的原则是：安全撤离，救助结合。

2. 一般建筑火灾逃生方法

一般建筑火灾逃生方法，是指非高层和地下建筑的场所发生火灾时的逃生方法。

(1) 利用疏散通道逃生。每个建筑按规定设有室内楼梯、室外楼梯，有的还设有自动扶梯、消防电梯等，发生火灾后，尤其是在火灾的初起阶段，这些都是逃生的有效途径。在下楼时，应抓住扶手，以免被人群撞倒、踩伤。

(2) 自制器材逃生。建筑物发生火灾后，可利用逃生的物品来源比较多，要学会随机应用。例如，将毛巾、口罩捂住口、鼻，可当成防烟工具；利用绳索、布匹、床单、地毯、窗帘连接起来开辟逃生通道；利用各种劳动保护用品，如安全帽、摩托车头盔、工作服等作为遮挡物，以避免烧伤和被落物砸伤。

(3) 利用建筑物现有设施逃生。发生火灾时，如果上述两种方法都无法逃生，可利用落水管、房屋内外的突出部分、门窗、建筑物上避雷线(网)逃生或转移到安全区域。利用这种方法时，既要大胆又要细心，否则容易出现伤亡。

(4) 寻找避难处所逃生。在无路可逃的情况下，应积极寻找一处避难处所。如到阳台、楼层平顶等待救援，选择火势、烟雾难以蔓延的房间，如卫生间等，关好门窗、堵塞间隙，房间如有水源，应立即将门、窗和各种可燃物浇湿，以阻止或减缓火势和烟雾的蔓延速度。无论白天或夜晚，被困者都应大声呼救或挥舞白色毛巾等，不断发出各种呼救信号，以引起救援人员的注意，帮助自己脱离困境。

（5）会使用灭火器和室内消火栓。使用手提式干粉灭火器灭火时，先拔去保险销，一只手握住喷嘴，另一只手提起提环（或提把），按下压柄就可喷射。使用前，先将筒体上下颠倒几次，使干粉松动，然后再开启喷射，则效果更佳。扑救地面油火时，要采取平射的姿势，左右摆动，由远及近，快速推进。

扑救固体物质火灾时，应使喷嘴对准燃烧最猛烈处，左右扫射，并应尽量使干粉灭火剂均匀地喷洒在燃烧物表面，直至将火全部扑灭。

使用手提式干粉灭火器时要注意两点：一是在灭火过程中，灭火器要始终保持直立状态，不得横卧或颠倒使用，否则不能喷粉；二是由于干粉灭火的冷却作用有限，要注意防止炽热物复燃。

（6）幼儿教师应选择合适的时间对幼儿进行逃生教育，从而让幼儿学会临危不乱。熟悉建筑物内的消防设施以及自救逃生的方法，这样，在发生火灾时，才不会毫无头绪。

（三）火场逃生八忌

一忌惊慌失措，二忌盲目呼喊，
三忌贪恋财物，四忌乱开门窗，
五忌乘坐电梯，六忌随意奔跑，
七忌方向错误，八忌轻易跳楼。①

二、教学设计

【例1】

防　火

（一）活动目标

（1）训练爬、跑等动作技能。

（2）练习遇到火险时的自救方法，提高自我保护意识和安全意识。

（二）活动准备

（1）经验准备：幼儿了解防火的相关知识，知道如何自救。

---

① http：//blog. sina. com. cn/s/blog_af0a6e2a0102v7sp. html.

(2) 物质准备：地垫2组、盛满水的塑料容器2个、毛巾与幼儿人数相等，小锤子2个，鼓1个。

(三) 游戏玩法

把幼儿分成2组，当幼儿听到鼓声时，每组第一名幼儿迅速跑到毛巾处，拿起一条毛巾，跑到盛满水的容器面前，把毛巾蘸湿后捂住嘴巴和鼻子，趴到地垫上匍匐前进，到达终点后用锤子敲一下小鼓，下一名幼儿再开始游戏。

游戏规则：

(1) 每个组员都要在听到鼓声后才能出发。

(2) 必须用毛巾捂住嘴巴和鼻子在地垫上爬行。

(四) 活动延伸

可在游戏后开展真正的防火演习活动。①

【简要评析】

火灾自救是幼儿安全教育的重要内容之一，该时期的幼儿已经形成对火灾的初步认识，但是在自救知识上还比较欠缺，尤其是面对火灾这种突发性的灾害，怎样安全、快速地疏散成为重要的教育内容。通过该游戏使幼儿身临其境，将自己学习到的理论知识运用到实际情况中，进一步巩固了理论知识。该活动不仅能够提高幼儿防火自救的警惕性，还能够掌握安全撤离的最佳方式和通道。结合防火演习，还可以开展各种活动，使幼儿了解什么是火灾，火灾发生后应该怎样保护好自己的知识。通过演习，帮助幼儿正确地看待火灾和防火演戏，不要产生过度焦虑的心理问题。学会正确地面对各种灾害和正确的自救方法。

【例2】

防火知多少

(一) 活动目标

(1) 培养幼儿初步的自我保护意识。

(2) 让幼儿了解火灾发生的几种原因，懂得如何防范。

---

① http：//wenku. baidu. com.

（3）初步掌握几种自救逃生的方法及技能，提高自我保护能力。

（二）活动准备

课件、图片、玩具、毛巾、电话、几种防火安全标志。

活动重点难点：让幼儿了解火灾发生的几种原因，懂得如何防范。

重点：防火。

难点：自救。

（三）活动过程

（1）从一些物品中找出幼儿不能玩儿、易引起火灾的东西，激发幼儿的活动兴趣。

（2）观看课件。引导幼儿说出火灾的危害。火不仅能烧毁房子，烧伤人，还会烧毁森林，污染空气。

（3）通过课件，引导幼儿说出预防火灾的方法，认识"防火"标志。

①预防火灾，小朋友们不能随便玩儿火。

②蚊香不能靠近容易着火的物品。

③不能随便燃放烟花爆竹。

④小朋友不能玩儿未熄灭的烟头，见了没熄灭的烟头应及时踩灭。

⑤认识"严禁烟火"的标志。

（4）简要说出火的用途，消除幼儿惧怕火的心理压力。

（5）让幼儿初步掌握几种自救逃生的方法与技能。万一着小火了怎么办？着大火了怎么办？困在房间里怎么办？公共场所着火怎么办？

（6）游戏。

"安全防火自救"游戏。通过游戏培养幼儿遇火不惧怕、不慌张，提高幼儿防火自救的能力。活动延伸：认识标志，设计标志。让幼儿为不同的场所设计并张贴相应的"禁止烟火""当心火灾"等标志。[①]

【简要评析】

活动各环节设置合理，过渡自然，同时借助活动培养幼儿初步的自我保护意识，知道火灾发生时应该怎样处理。活动过程中，教师要及时给予指导、提升，如在一些物品中找出幼儿不能玩儿、易引起火灾的东西，激

---

① http：//new.060s.com/center/stxg/all/t－817913.html.

发幼儿的活动兴趣，帮助幼儿总结自我保护的方法，对幼儿学习到的安全知识的认识进一步深化、巩固，并养成良好的生活习惯，树立初步的自我保护意识。通过活动认识基本的安全标志，如安全疏散通道等，知道有突发事故时应当沉着冷静，知道基本的自救知识。

【例3】

游戏：报火警

玩法：教师当消防队的值班员，请一名幼儿做报警者，拨玩具电话“119”，向值班人员报告火警（要求讲清楚什么地方发生火灾，请消防队赶快来救火）。值班员立即发出“全体消防队员出发”的命令，全班幼儿模仿消防车上警报器的声音，边走边作开车状。少顷，做举水龙头射水的动作，片刻后，开车返回，表示火已扑灭。游戏后，教师讲清火警电话不能随意乱打的道理。

（一）活动目标

（1）学习火灾中正确的自我保护方法，懂得火灾发生时如何撤离、躲避、求救等多种自救方法。（活动重点）

（2）能正确拨打火警电话“119”，面对火灾不慌张，积极动脑想办法，增强自我保护能力。（活动难点）

（3）感恩消防员的辛苦，体验人与人之间的关爱之情。

（二）活动准备

（1）知识准备：活动前请幼儿制作“发生火灾怎么办”安全宣传画。

（2）物质准备：视频（亮亮家失火报道、消防员救火、火灾求生法）、课件“遇到火灾怎么办”、快乐成长宣传片、湿毛巾与幼儿人数相等、安全出口标志若干。

（三）活动过程

（1）通过讲述“亮亮家火灾”事件，引导幼儿感受火灾给生活带来的危害。

①播放亮亮家失火的视频。提问：亮亮家发生了什么事情？你有什么感觉？

②播放消防员叔叔救火的视频。提问：消防员叔叔表现得怎样？你想

对他们说些什么？

③结合火灾后家园的变化图片，让幼儿感知火灾的严重后果。

(2) 讨论交流引发火灾的多种原因，引导幼儿了解如何避免发生火灾。

①提问：为什么会发生这么多的火灾？怎样做能够避免发生火灾？

②演示课件，引导幼儿看标志，说出生活中不能做的事。

(3) 通过多种形式，学习运用撤离、躲避、求救的方法自救和自护，懂得面对火灾要沉着、冷静，积极想办法。

通过交流，引导幼儿了解发生火灾时如何撤离。

①幼儿相互交流宣传画，说出自己知道的自救方法。

②教师带领幼儿模拟练习拨打火警电话的方法，要求幼儿说清地点和人员。

(4) 通过图片（电梯、楼梯、窗户、安全通道）判断，让幼儿了解发生火灾时，从安全出口撤离最安全，并引导幼儿现场寻找安全出口标志。

(5) 幼儿观看视频“火灾自救法”，进一步了解捂住口鼻、弯腰走的重要性。

①通过实地演练，巩固幼儿逃生撤离的已有经验。

②用湿毛巾捂住口鼻，引导幼儿从安全通道撤离。

③引导幼儿运用多种方法迅速撤离。

④创设情境，引导幼儿了解无法撤离时，如何正确躲避。

提问：当火势很大无法撤离时，应该怎么办？可以用哪些方法躲避？

演示课件，引导幼儿判断分析躲避在哪里是正确的。

(6) 讲述故事。

引导幼儿懂得发生火灾要沉着冷静，积极动脑想办法。

①教师讲述“婷婷火场自救”小故事。

②提问：面对险情时婷婷是怎样自救的？还可以用哪些方法自救？

③运用儿歌，全面总结火灾中的自救方法。

(7) 观看公益片“我们快乐成长”，体验人与人之间的关爱。

①请幼儿观看公益片，谈一谈：如果你是受灾的小朋友，你现在的心

情会是怎样的？引导幼儿感受火灾无情、人有情的美好情感。

②引导幼儿张贴安全宣传画，让更多人知道在火灾中自救和自我保护的方法。①

【简要评析】

该设计者的主要目的是让幼儿知道当火灾发生时该如何报火警。消防安全是一个持续的过程，教师可以运用多种形式帮助幼儿掌握报火警的相关知识。该设计将讨论、演练以及观看公益片等多种活动结合起来，让幼儿更加熟练掌握火灾自救的相关方法，将学习与游戏很恰当地融合在一起，将学习寓于游戏，简单易懂，使幼儿铭记于心。该游戏内容比较明确，符合幼儿身心发展的特点。

【例4】

消防安全知识我知道

设计意图：自然是如此美好，生活是如此安宁。然而，躲在和平、文明背后的火魔，正窥视着我们。在所有的自然灾害中，发生频率最高的，莫过于火灾。一个小小的火星可以使人类创造的物质、精神财富化为灰烬，可以夺走人最宝贵的生命。新的《纲要》明确指出："幼儿园必须把保护幼儿的生命和促进幼儿的健康放在工作的首位。"然而对于火，幼儿缺乏相应的防火知识和能力。因此，增强幼儿的防火意识，提高幼儿的防火自救能力，加强幼儿防火安全教育至关重要。

（一）活动目标

（1）让幼儿感受火灾的威胁以及火灾带来的危害。

（2）让幼儿懂得逃生自救的基本技能。

（3）让幼儿认识消防设施设备，提高防火意识。

（二）活动准备

（1）"火灾案例"录像。

（2）人手一块湿毛巾。

（3）安全出口指示牌，灭火器。

---

① http：//www.liuxue86.com/a/2411155.html.

（三）活动设想

(1) 谈话导入活动主题。

教师：小朋友，你们见过火吗？火有什么作用？

教师小结：火可以给我们的生活带来很多便利，但如果我们用火不当，就容易发生火灾，威胁我们的生命，所以我们一定要小心用火。

(2) 教师播放“火灾现场”视频片段，引导幼儿进行观看。

通过观看视频，引导幼儿回答：火灾对我们有什么危害？

幼儿回答后，教师总结。

(3) 出示以下幻灯片。

引导幼儿说说发生火灾时该怎么办？

①如果发生火灾了，该怎么办？

教师小结：发生火灾时要迅速拨打火警电话“119”，并讲清楚你的详细地址、姓名及电话号码（告诉幼儿切记不能随便拨打火警电话）。

②如果家里起火了该怎么办？

教师小结：家中一旦起火，不要惊慌失措，如果火势不大，应迅速利用家中的灭火器，采取有效措施控制火势和扑救灭火。

③如果火势很猛，浓烟很多，我们有什么办法逃到安全的地方？

教师小结：受到火势威胁时，要当机立断披上湿衣服、湿被褥等向安全出口方向冲出。穿过浓烟逃生时，要尽量使身体贴近地面，并用湿毛巾捂住口鼻。

师：湿毛巾要折叠6~8层才能防止浓烟呛入鼻孔，然后用湿毛巾捂住口鼻并猫着腰走（让幼儿练习折叠湿毛巾捂住口鼻并猫着腰走）。

④发生火灾了，可以乘坐电梯吗？为什么？

教师小结：遇到火灾时不可乘坐电梯，要向安全出口方向逃生。

⑤如果所有的逃生线路被大火封锁了，该怎么办？

师小结：若所有逃生线路被大火封锁，要立即退回室内，用打手电筒、挥舞衣物、呼叫等方式向室外发送求救信号，等待救援，千万不能盲目跳楼（让幼儿练习挥舞衣物、呼叫等求救方法）。

(4) 学习消防安全儿歌。

你拍一，我拍一，生命安全数第一；你拍二，我拍二，学习消防在一块儿；你拍三，我拍三，消防站里去参观；你拍四，我拍四，安全通道莫堵死；你拍五，我拍五，弯腰行走口鼻捂；你拍六，我拍六，易燃物品勿乱丢；你拍七，我拍七，正确使用灭火器；你拍八，我拍八，电器起火拉电闸；你拍九，我拍九，着火快打“119”；你拍十，我拍十，消防教育要及时。①

【简要评析】

该活动目标表达清晰、明确，层次分明。在帮助幼儿树立安全意识的同时，注重幼儿学习品质的培养，进一步培养他们发现问题、解决问题的能力。该活动层次清晰，由具体情境导入。活动目标设置全面、合理，包含了基本的安全教育内容，同时也注意良好学习品质的培养，表述清晰，可操作性强。通过学习消防儿歌，将消防安全常识牢记在心，学会在火灾发生时如何进行自我保护。活动组织合理有序，尊重幼儿在学习中的主体地位，为幼儿提供了大量的实验机会，很好地完成了原定活动目标。

三、教学素材

相关案例

2001年6月5日，江西省广播电视发展中心艺术幼儿园发生火灾，造成13名（其中男性7名、女性6名）3~4岁的儿童死亡，1人轻伤；烧毁、烧损壁挂式空调2台、儿童睡床29张和床上用品，过火面积43.2平方米，直接财产损失13 463元。

一、事故经过

2001年6月4日21时许，隶属于江西广播电视发展中心的艺术幼儿园小六班幼儿就寝。21时10分许，小六班班主任杨××（女，26岁）点燃三盘蚊香（浙江省诸暨市王家井日用化工厂生产的夏灵牌微烟特种蚊香），分别放置在床铺之间南北向三条走道的地板上。22时10分许，杨××上3楼教师寝室睡觉，临走时，告诉当晚值班的保育员吴××（女，25岁）“点了蚊香，注意一下”。23时10分许，幼儿园保教主任倪××

① http://rj.5ykj.com/HTML/13453.html.

（女，53岁，当晚值班领导）和值班保健医生厥××（女，56岁）巡察到小六班时，发现该班点了蚊香。当时倪××问厥××“点蚊香对幼儿有何影响?”厥××回答说：“对幼儿呼吸道有影响。”倪××便要吴××将寝室窗户打开，保持空气流通。吴××回答：“窗户已经打开了。”随后倪××、厥××等二人离去。23时30分许，小六班保育员吴××离开小六班寝室到卫生间洗澡洗衣服等，而后在学习活动室给幼儿的毛巾编号，约有45分钟未到寝室巡察。

5日0时15分左右，吴××在活动室听到寝室内“噼叭”响，随即进入幼儿寝室，发现16号床龚××的棉被和14号罗文康床上枕头起火，吴××随即将龚××抱出寝室，并到小六班外呼救，然后又从小六班寝室内救出3名学生。此时，寝室内的烟火已很大，随后赶来的驻广播电视局武警中队官兵和幼儿园工作人员用脸盆到盥洗室装水灭火，同时使用室内消火栓出水扑救。

二、事故原因分析

（1）火灾系小六班16号床边过道上点燃的蚊香引燃搭落在床架上的棉被所致。

（2）该园消防安全管理制度不健全，没有制订灭火应急方案，无教职员工培训制度，没有确定各部门的消防安全责任人。

（3）部分教师和保育员上岗前未经过培训，缺乏相应的消防安全知识和灭火自救技能。

三、火灾事故处理结果

小六班班主任、小六班保育员、幼儿园保教主任涉嫌犯有重大责任事故罪，省广播电视发展中心主任兼幼儿园园长、法人代表涉嫌犯有玩忽职守罪，经提请南昌市人民检察院批准逮捕，进入司法程序。①

---

① http：//www.esafety.cn/case/103644.html.

四、知识链接

美国幼儿园防火安全的五项原则

（一）不玩火柴打火机，看见要交给大人收好

孩子们对火特别感兴趣，看到大人使用打火机、火柴，一有机会就会偷偷模仿，这很容易引起火灾。所以幼儿安全防火第一条，就是要教育孩子们，火柴和打火机不是玩具，见到后不能玩，而是要交给周围的成年人收好。

（二）有烟的时候，要爬着离开房间

美国的幼儿防火教育重点突出了这一点，看见房间里有烟，第一件事，就是逃生。要沿着远离起火的方向，向没烟的屋外跑。由于烟是上行的，所以还特别要求孩子们要懂得伏在地上，努力靠近地面爬行，避免吸入浓烟造成窒息。

贝贝回家之后，就一直兴奋地与哥哥交流经验，两个人在家一直兴奋地爬来爬去，原来孩子们在学校里就这样跟着消防队员们练习。给娃娃们讲100遍浓烟有多危险，也不如就这样直接告诉他们“看到室内有浓烟，就这样爬出来”。

排队离开危险区域。这是在学校发生火灾时，要求孩子们不要惊慌，在教师（成人）的带领下迅速沿着预定的逃生路线，远离危险区域。排队是美国孩子们的“必修课”，在美国幼儿园里，讲秩序是孩子们开学后第一件要学的事。出了教室，无论去哪里孩子们都会排成一队，按顺序来。

其实这一条不仅适合火灾现场，对其他灾难现场如地震、洪水、意外爆炸事故等都适用。

（三）相信消防队员

孩子有时会被消防队员的装扮吓坏，产生不信任感。所以防火原则要求带孩子们与消防队员们进行近距离接触，消除孩子们对穿着怪里怪气的服装的消防队员的恐惧感。贝贝班上的小朋友在经过两次亲密接触后，早就把消防员当成了朋友，这样在关键时刻孩子们才能服从他们的指挥，保

护自己的安全。

（四）身体起火时，停住，躺倒，翻滚

万一不小心，孩子身上的衣服着火了怎么办？简单的几个动作就能让孩子自己在最短的时间扑灭身上的火。具体的做法就是：停下来，躺倒在地，双手护住脸，打滚。满地打滚是孩子们最爱做的游戏，所以只要稍微强化一下，孩子很快就能掌握动作要点。

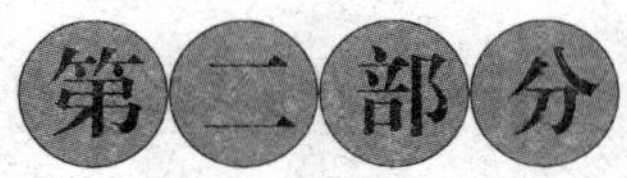

预防和应对公共卫生类事故

内容提要

本部分针对幼儿分辨与认知能力差的特点，对幼儿的不良生活习惯、饮食习惯带来的后果进行基本的介绍，并教会幼儿正确认识自己的身体，学会保护自己的隐私部位。通过对本章节的学习，教会幼儿如何发现和预防因不良习惯带来的隐藏性危险，同时改正自己的不良习惯，并提醒同伴的不安全行为，避免伤害事故的发生。

第一课　习惯造就健康身体

教师应该教会孩子们正确的行走坐卧的姿势，防止脊弯曲，洗手防痢疾，刷牙护齿。大班幼儿在园活动中会经常使用铅笔，如果不注意安全，就会出现戳伤、划伤等事故，旨在帮助幼儿安全使用铅笔，并学会躲避；提醒同伴不安全使用铅笔的行为，避免伤害事故的发生。

一、教学内容

播种行为，收获习惯；播种习惯，收获性格；播种性格，收获命运。然而，人的各种习惯不是与生俱来，而是在后天生活、学习、工作等各种环境中逐步形成的，并且贯穿于生活的方方面面，一旦形成就很难改变。英国哲学家培根说过："习惯是一种顽强的力量，可以主宰一生。"道出了培养良好行为习惯的重要性。

要培养一个人的良好习惯，重要的是从幼儿抓起。幼儿期可塑性强，容易接受外界的影响。学前期是接受熏陶形成良好品德和行为习惯的重要时期。他们对于周围环境十分敏感，愿意听从成人的教导，善于模仿成年人的行为，容易接受外界各种刺激和教育的影响，并在大脑中留下深刻的痕迹，形成动力定型，即行为习惯。行为心理学研究结果表明，3 周以上的重复会形成习惯；3 个月以上的重复会形成稳定的习惯，即同一个动作，重复 3 周就会变成习惯性动作，形成稳定的习惯。改变对事物的认识比较容易，而要改变多年形成的习惯却比较困难。①

幼儿行为习惯的形成存在渐进性和反复性，需要成人进行长期的、系统的、协调一致的教育。下面就如何培养幼儿良好行为习惯谈谈自己的一

① http：//wenku. baidu. com/link？ url = 1t3XIGr2tWN2UJpBSPtP3EP6Zq1VmdzVKfSntD9TlZZhFfD_Bq60jMNCb7eTvDsYzfJMCR2VUy5OpcU4iRJWV82ee69Z8SlqqgpOhVi0Uu.

些看法和做法。

（一）培养孩子养成良好的生活习惯

发展心理学认为，心态决定命运，细节决定成败，习惯成就未来。良好习惯的形成，往往在孩提时代。所以从小就让孩子养成良好的习惯，形成初步的时间和纪律观念。让婴幼儿按时起床、吃饭，如果孩子不配合，可以告诉孩子，爸爸妈妈要上班，不能迟到，而不能迁就孩子。适当地约束可以避免孩子产生“以自我为中心”的心理意识。

（二）营造和谐的家庭环境

父母的教养、态度和方式对培养孩子健康人格作用巨大。和谐的家庭气氛有助于儿童生活态度积极、主动，他们能自觉地参与到家庭活动中。父母之间的互相爱护、关心、体谅；父母对长辈的体贴、尊重、照顾；父母对孩子严爱适度，有要求，有疼爱，能够使孩子形成自尊、自信、亲切、责任感等积极情感。然而，如果生活在充满不和睦、不健康的家庭环境中，如家庭成员关系不和，经常吵架，在这种环境中生活的孩子缺乏安全感，对人不信任，有的甚至会有攻击性行为或暴力倾向。①

父母首先要有健康的人格，才能去影响孩子。在生活节奏日益加快的现代社会中，家长不仅要努力地为生活而忙碌、工作，回家之后还要面对活泼、好问、好动的孩子，这时请千万打起精神随时随地做幼儿的表率，以耐心的态度引导他们，不要以粗暴缺乏耐心的态度对待他们，让孩子在自由、宽松、平等的家庭氛围中尽情表现自己。

（三）发挥文学作品的力量

模仿是幼儿学习的重要途径。榜样是具体形象的，有强大的说服力和感染力。故事、儿歌、歌曲等文艺作品的艺术形象所塑造的榜样具有很强的感染力，幼儿最爱模仿。

（四）注重教育的一贯性和一致性

幼儿的良好行为习惯的形成存在渐进性和反复性，它需要有一个反复

① 郭玉凤. 创造有利于孩子成长的家庭氛围[J]. 学前教育，1994.

练习，不断巩固提高的过程。一贯性主要表现在要建立合理的作息制度和必要的规则，如规定孩子起床、排便、进餐、游戏、看电视、睡觉的时间。刚刚开始孩子可能不习惯，有时遇上精彩的电视节目非要看下去，父母应坚持要求，不能退让。有的孩子因此会哭闹，家长可以不予理睬，进行冷处理，孩子感到哭也没用，慢慢也就会接受。所以，只有坚持要求，才能帮助孩子形成好习惯，朝令夕改就难以如意。

一致性则体现在父母对孩子的要求应一致。如果家庭成员对孩子所提的要求不一致，会使孩子无所适从，不知道听谁的好，还可能会使孩子养成在不同的人面前说不同的话、做不同的事的坏习惯。如吃晚饭了，妈妈要孩子把玩具整理好，而奶奶说孩子小，整理起来麻烦，就包办代替，自己收拾了。在这样的环境下，孩子又怎么养成良好的行为习惯？因此，家庭中，家长的教育意见应一致，即使有不一致的地方也不可以当着孩子的面暴露矛盾，而是私下进行沟通，取得一致意见。

（五）科学训练，提高幼儿练习兴趣

提高孩子兴趣，调动其主动性和积极性是其接受良好教育的关键。

一是以表扬、鼓励为主，少惩罚。孩子虽小，却也是一个独立的个体，有自己的愿望和爱好。家长要学会洞察儿童的内心世界，要用商量、引导、激励的语气和孩子交流，要多站在孩子的角度来考虑。不能因为孩子小，而随意斥责或辱骂，特别是不要去嘲弄、讽刺孩子。要横向看待每一个幼儿，发现他们的闪光点，多表扬少惩罚。一位哲学家说：“把最差的学生给我，只要不是弱智，我就能把他变成优等生。”有人问他成功的秘诀时，他说：“其实很简单，就是表扬。”幼儿渴望成人对自己的行为做出评价，也对成人的评价十分敏感，他们总是喜欢得到肯定的评价，哪怕是一个和蔼可亲的眼神、微笑、轻轻地抚摩、点头、拥抱、亲吻等。好孩子是夸出来的，不是批评出来的。[①]

二是多采用游戏化、生活化、活泼化的方法来练习。幼儿的年龄特点决定他们需要通过游戏的方式才能更好地学习与生活，在引导幼儿学习的

---

① 李民，高海晖. 激发学生兴趣学生主动参与［J］. 当代教育研究，2008.

过程中，必须选择与幼儿生活息息相关的内容，通过不断操作、探究、重复和延续，来帮助幼儿建立积累经验。如为孩子准备一些箱子、盒子、挂壁式布袋，整理玩具时让孩子玩“玩具、图书回家”的游戏，孩子便会乐意整理物品，长期坚持会养成爱清洁、有序安放物品的好习惯。这样才能达到幼儿在乐中学、学中乐的效果。

三是从小事抓起。良好的行为习惯很多是表现在细小的事情上的，如餐前便后洗手、勤剪指甲、随手关门等。有的父母对小事不屑一顾，听之任之，认为长大自然知，这种做法是不可取的。

四是不要把大人的好恶强加于孩子。每个人有每个人的性格和爱好，自己的孩子也不一定和自己一样，只能说有相似的地方，这一点要加强关注。只要是合理健康的，就要顺着孩子的兴趣去加以引导，使其发展成才。

总而言之，幼儿良好行为习惯的培养需要家庭和幼儿园密切配合，拧成一股教育合力，才能对幼儿产生强大的影响，促进他们良好行为习惯的形成。

二、教学设计

【例1】

文具不能咬[①]

（一）活动目标

（1）尝试区分出不能食用的物品，知道在游戏、生活中许多物品是不能咬的。

（2）对食品卫生安全有初步的认识。

（二）活动准备

实物：苹果、饼干每人一份；铅笔、橡皮、衣服、玩具。

（三）活动过程

1. 利用实物导入活动

（1）出示苹果、饼干等小零食，引起幼儿兴趣。提问：小朋友们都认

① http：//www. jy135. com/jiaoyu/158531. html.

识它们吧，大家尝尝，它们是什么味道的？

（2）教师出示实物铅笔、橡皮、衣服、玩具，教师和幼儿一起说说铅笔、橡皮等的作用，鼓励幼儿大胆地说。

2. 情境模拟

教师手拿铅笔，采用拟人化的口吻，告诉幼儿几种物品的不安全因素：

（1）小朋友，你们认识我吗？我是铅笔小弟弟，我喜欢看书，协助和画画的小朋友，但我求求你，千万不要把我放在你的嘴里，我身上含有有害物质，会影响小朋友健康成长，你记住了吗？

（2）我是漂亮的橡皮擦，身上五颜六色，嗅一嗅还有点儿香味，你喜欢我吗？可我身上常常有毒性，你喜欢我但一定要记住不能把我放在嘴里哦。

3. 活动讨论

（1）讨论：铅笔、橡皮衣服、玩具能放到嘴里咬吗？为什么？

（2）小结：铅笔、橡皮、玩具有相当一部分的材料是有毒性的，放在嘴里咬，容易把有毒、有害的物质吃到肚子里，不卫生、不安全。

4. 请幼儿在教室里找出不能用来咬的东西，并说说为什么，如各种玩具、积木、课本、布娃娃等

【简要评析】

本次活动让幼儿学习到在日常生活中，把玩具放到嘴里含着玩、咬手指甲、睡觉咬被角等行为都是不讲卫生的行为，教师不断强化幼儿对食品卫生的安全意识，使幼儿逐步养成良好的卫生习惯。

【例2】

小手流血了[①]

（一）活动目标

（1）知道爱护小手，不玩尖利的东西。

（2）知道手划破后简单的处理和保护方法。

---

① http：//www.jy135.com/search.php.

（二）活动准备

相关图片一张。

（三）活动过程

1. 请幼儿观察图片，提问

（1）这个小朋友的手怎么啦？（流血了）

（2）好好的小手怎么会流血呢？（被东西划破了）

（3）什么东西会把手划破？为什么？（玻璃片、针、铁钉、铁丝、剪刀等，因为这些东西很尖、很锋利）

（4）启发幼儿回忆：自己的手有没有被划破过，手划破了有哪些不方便。

2. 讨论怎样才能使我们的小手不受伤（平时不玩剪刀、小刀、针、玻璃片、铁片等尖利的东西）

小结：我们周围有很多东西，有的是很尖的，有的是很锋利的，如果我们去玩这些东西，就会把手划破，给自己带来危险和许多不方便。所以小朋友们不要去玩这些东西，以免我们的手受伤，影响我们的学习和生活。

3. 讨论怎样保护、处理受了伤的手

（1）如果手不小心被划破了，能不能用没有洗过的手去捂伤口？为什么？（不能，因为没有洗过的手有细菌，会使伤口感染、化脓）

（2）手受伤了怎么办？（如果擦伤了皮，要先清洗伤口，然后涂上红药水或紫药水；严重的要找医生处理）

（3）手包扎后还要注意哪些事项？（不能把伤手浸在水里，不能随便揭掉包布，要按时找老师、医生换药等）

小结：如果我们的小手已经受了伤，就更要好好保护，这样它才会很快恢复健康，为我们服务。

【简要评析】

本次活动让幼儿知道爱护小手，不玩尖利的东西，并且知道手划破后简单的处理和保护方法。通过不断提问与引导，让幼儿逐渐养成健康的生活习惯。

【例3】

毒品有害健康[①]

（一）活动目标

（1）初步认识什么是毒品，了解毒品的危害。

（2）远离毒品，有参与宣传毒品危害的社会责任意识和良好的生活习惯。

（二）活动准备

（1）有关罂粟等毒品的相关宣传图片及视频、香烟盒一只。

（2）绘画纸、蜡笔、剪刀、胶水。

（三）活动过程

1. 活动导入：教师出示PPT图片

师：小朋友们，老师今天要请你们看一张图片（打开PPT罂粟花图片），请你们说一说，你看完这几张图片之后，有什么感觉，或者是有什么想要说的。要说不一样的，别人说过的我们就不说了。

幼：很美丽，让人感觉很舒服，五颜六色的真漂亮。

师：它的名字叫“罂粟花”。你们都觉得它很好看对吧。可是，你们知道吗？就是这么漂亮的花，几乎所有的人都不喜欢它。你们想想看，有可能是什么原因？

幼：因为它上面有刺的，还有很臭的味道；它很容易死掉、枯萎……

师：小朋友们都吃过蘑菇吧，往往那种很漂亮的蘑菇呢，其实是不能食用的，因为有毒，这个我们小朋友都知道了。同样，“罂粟花”虽然漂亮，但是今天小朋友们都知道了，其实它是一种“有危害的花”。

2. 幼儿观看视频资料，了解毒品的危害

师：现在，你还觉得“罂粟花”是一种美丽的花吗？

幼：不觉得了。

师：刚才，我们都知道了罂粟的果实是做毒品的原料，危害我们身体健康，一吃就上瘾，对身体有害。

---

① http：//www.jy135.com/search.php.

师：那小朋友再想想看，在我们的周围，除了我们刚才说的毒品对我们的身体是有危害的，还有哪些东西也是危害我们身体健康的，但有的人已经上瘾了，戒不掉了？

师：比如，你想想看，爸爸们喜欢抽什么啊？喝什么啊？（出示香烟盒，并引导孩子观察烟盒上的一排小字）

幼：抽烟、喝酒。

师：对，你看这上面还有你们不认识的字呢："吸烟有害健康。"

（这里，孩子们争论得很厉害，于是我给孩子们讨论的时间，同时为接下来的"宣传海报"设计，做一个思路上的开阔）

师：都想说的，对吧？那好，给你们一分钟的时间，和你身边的好朋友聊一聊你所看到的不好的生活习惯。聊的时候，再思考一个问题，我们可以怎么帮助这些人。

幼：告诉爸爸，吸烟、喝酒对身体不好；让他看新闻（了解毒品的危害），让妈妈告诫爸爸不许吸烟。

3. 设计"远离毒品"的宣传海报

师：刚才，小朋友们都开动了自己的小脑经，想了很多好办法，帮助身边的人。老师呢，这里有纸和笔，请你把刚才的好办法画下来，我们再一起把它装饰到这张"远离毒品"的宣传海报上，帮助更多的人了解毒品的危害、远离毒品。

【简要评析】

通过这节活动，重点引导孩子们初步认识什么是毒品以及它的危害。

可能很多人都认为，幼儿园的小孩子整天生活在家长和老师的保护圈里，毒品离孩子的现实生活还很远。不知道什么是毒品，孩子们不也一样开心地成长着吗？——不一样。对于孩子来说，从小了解毒品的危害，知道要远离毒品，对他们总归是有好处的，尽管只是简单、粗浅的认识。与孩子现在、将来的生活有关的，与生命相连的，那就是天大的事。

【例4】

文具安全[①]

（一）活动目标

（1）了解使用文具的不安全行为以及产生的危险。

（2）会安全使用文具，能够遵守文具使用安全规则。

（3）通过讨论，初步建立班级的文具安全规则。

（二）活动准备

教学挂图

（三）活动过程

1. 活动导入：谈话活动

教师：文具是我们学习的好帮手。小朋友们想一想，你们经常使用哪些文具？你们知道文具使用不当会很危险吗？下面我们看看书上的小朋友在做什么？

2. 活动展开：观看幼儿用书和教学挂图

（1）教师：请小朋友翻开书的第2页和第3页，仔细看看每一幅图，图上的小朋友在做什么？他们在使用哪些文具？他们使用文具的方法对吗？

（2）幼儿根据教师的提问，自由阅读和讲述画面的内容，教师巡查指导。

（3）教师出示挂图，引导幼儿讲述和讨论画面内容。

①教师：老师这儿的大图和你们书上的小图是一样的，我们一起来看看这幅图都讲了些什么。

②逐一讨论挂图中相关的内容。这个男孩在做什么？咬铅笔会有什么危害呢？（铅笔不能咬，会把细菌等有害的东西吃到肚子里，还会使小朋友的牙齿歪斜）

③讨论其他内容。

④教师小结：这几位小朋友使用文具的方法不正确，这样会对他们的

---

① http：//www. baby611. com/jiaoan/db/aq/201210/1993699. html.

身体健康造成危害，严重的还会威胁生命安全。

3. 活动展开：分组讨论该怎样安全使用文具

（1）教师引导幼儿观察并讲述最后一幅小图：现在我们一起来看看，这幅图上的小朋友的做法是不是正确。为了我们的健康和安全，除了画完画要洗手，在使用文具时还应该注意什么？

（2）教师发给每组幼儿一张大白纸和一盒水彩笔。每组推选一位能力较强的幼儿，请他用图或图夹文的方式表示大家讨论的内容。

（3）幼儿分组讨论该怎样安全使用文具。

（4）教师巡查指导引导幼儿用自己的方式把自己组的想法表现出来。

（5）分享各组讨论内容。

4. 活动总结

安全使用文具规则。

教师引导幼儿回顾集体制定的具体行为规则，进行总结。

5. 活动延伸

张贴安全使用文具规则。

安全使用文具规则的参考范例如下。

（1）使用文具时，保持坐姿端正，正确用笔。

（2）不玩弄文具，不吃或咬文具。

（3）不用笔尖对着自己和他人。

（4）不用油画棒、水彩笔在皮肤或衣物上乱画。

（5）用完文具要收拾整齐。

（6）写完字或画完画要把手洗干净。

（7）使用剪刀要小心，不要使用尖头锋利的剪刀，使用剪刀时要集中精神，不能一边说笑一边使用剪刀。不要拿着剪刀对着他人乱晃，剪刀用完放到安全的地方。

【简要评析】

该教学设计是针对儿童设计的，其内容简要，主要采取讲授、图片展示、视频播放等教学手段向学生讲述有关安全使用文具方面的知识，只有了解基本常识，才能更好地保护自己。然而，该教学设计也有一些不方便实行的地方，所以教师在教育教学过程中应重点强调文具的危险性。

三、教学素材

相关案例

幼儿园里，大（四）班的幼儿户外散步结束后，陆续进入午睡室准备午睡。一个男孩在自己的床上，边脱衣服边蹦跳，一不小心，摔倒在床上，左边的耳朵边被床的护板撞伤了，裂了一个小口子，流出很多血。男孩大哭起来。当班老师发现孩子出事了，立即打电话给园长和保健医生。园长接到电话，火速来到班上，保健医生又仔细地查看了孩子的伤情，对伤口进行了简单的止血处理，随即带着男孩去医院治疗，同时联系了家长，请医生通过电话向家长说明了处理的方法：药物治疗或缝针。家长接受了医生的建议，选择在男孩的耳朵裂口处缝两针的治疗方案。随后，园领导和当班老师又带着营养品到幼儿家中进行探望，并向家长说明了事情发生的经过。家长表示理解，友好地接受了园方的诚恳歉意，最终事件得到了解决。①

四、知识链接

《幼儿园工作规程》（以下简称《规程》）中规定幼儿园的任务是：实行保育与教育相结合的原则，对幼儿实施体、智、德、美全面发展的教育，促进其身心和谐发展。

《规程》第三章“幼儿园的卫生保健”第十二条：幼儿园必须切实做好幼儿生理和心理卫生保健工作。幼儿园应严格执行卫生部颁布的《幼儿园卫生保健制度》以及其他有关卫生保健制度。

第十三至二十条，明确规定了幼儿园应当制定有关制度，对在园幼儿的衣、食、住、行全面照管及对幼儿进行安全教育。这些制度即是幼教工作者必须遵守的法规。

第六章“幼儿园的工作人员”第四十一条是奖惩条款。如果教职工在安全、卫生、保健等方面失职，显然适用本条的罚则。

① http：//www.baidu.com/link？url = ZK63mYUaFA5ZTsNLyqufh_IuequVrsNGdMLAzfZwczDDM-rUTJpgdcDZxQyLy1CO_RV2sBG – Agoggl_ph996mq&wd = &eqid = c7b75c06000f1537000000003567543d7.

第八章“幼儿园与幼儿家庭”第四十七条规定，幼儿园应主动与幼儿家庭配合，帮助家长创设良好的家庭教育环境，向家长宣传科学保育、教育幼儿的知识，共同担负教育幼儿的任务。

《幼儿园管理条例》第三条规定，幼儿园的保育和教育工作应当促进幼儿在德、智、体、美诸方面和谐发展。在幼儿全面发展教育中，幼儿体育始终是第一位的，而幼儿体育中首要的内容是安全、卫生、自我保护意识与能力的教育与培养。

第三章“幼儿园的保育和教育工作”第十三条规定，幼儿园应当贯彻保育与教育相结合的原则，创设与幼儿的教育和发展相适应的和谐环境，引导幼儿个性的健康发展，幼儿园应当保障幼儿的身体健康，培养幼儿良好的生活卫生习惯，促进幼儿的智力发展，培养幼儿热爱祖国的情感以及良好的品德行为。由本条可见，《民法》中虽未明确规定幼儿园为幼儿的监护人，但幼儿园却承担着类似监护的职责。该法第十六、十七、十八、二十、二十一条都明确具体地强调了幼儿园在幼儿安全卫生方面应尽的职责。

第二课　食品卫生数第一

幼儿园教师必须教会孩子们如何科学地饮食，防止食品中毒事件。

一、教学内容

（一）幼儿园食品安全宣传知识

为儿童购买食品应注意以下六点[①]：①到正规商店里购买，不买校园周边、街头巷尾的“三无”食品。②购买正规厂家生产的食品，尽量选择信誉度较好的品牌。③仔细查看产品标签。食品标签中必须标注：产品名称、配料表、净含量、厂名、厂址、生产日期、保质期、产品标准号等。不买标签不规范的产品。④食品是否适合儿童食用。儿童食品至今尚无明确的定义，因此，为儿童选择食品谨慎为宜。⑤不盲目随从广告，广告的宣传并不代表科学，是商家利益的体现。⑥关注儿童食品的相关信息。如我国已经启动了“儿童食品行业食品安全信用体系建设”工作，此工作将为儿童食品的选择提供消费参考。

小食品尽量少吃。不少小食品在生产过程中都使用了添加剂，这些添加剂对儿童的肝、肾功能影响较大。过量食用加入防腐剂、色素、甜味剂的食品，还会对儿童的中枢神经系统造成伤害。而且小食品的营养素不全面，孩子零食吃多了，就不会好好吃饭，长此以往可能会造成营养不良。特别需要提醒父母的是，检疫人员查出的不合格食品之中，小食品的不合格率最高。所以说，所谓的“小食品”并不是儿童食品，尤其是校园周边、街头巷尾的小食品，不可以让孩子任意吃。

---

① http：//new. 060s. com/center/stalnn/all/t －% 253DIvw6m77AretMns552f19WrNiVTY _812582. html.

饮料尽量不要多喝。随着人们经济生活条件的提高，有些家长购买饮料让孩子当水喝，这是不科学的，也是不负责任的。有些饮料含有激素，长期饮用会过早长出胡须或导致肥胖，内分泌失调，性早熟，都不利于孩子的生长发育和身心健康。最适合孩子的饮料就是白开水和自制新鲜果汁，在此提醒家长和同学出门最好自带白开水。水是最好的饮料，能补充体能，排除毒素，是任何饮品所不能代替的（对人体的价值来说）。如果需要食用饮品，要在可靠的正规商场购买包装上注明厂名厂址、生产日期、保质期、有配料说明和合格证的正规厂家生产的产品，切勿购买校园周边、街头巷尾的“三无”汽水。

如何避免幼儿饮食中的化学物质污染？食品中的化学物质污染有农药残留、兽药残留、激素、食品添加剂、重金属等。农药残留、兽药残留和激素对儿童的危害是肠道菌群的微生态失调、腹泻、过敏、性早熟等。因此，蔬菜、水果要合理清洗、削皮，选择正规厂家的动物性食品原料，不吃过大、催熟的水果等就显得十分重要。食品添加剂的泛滥是儿童食品中化学污染的主要问题。街头巷尾的小摊小贩，幼儿园周围的食品摊点，都在出售没有保障的五颜六色的、香味浓郁的劣质食品。近年来医学界发现的中学生肾衰竭、血液病病例，已证实了儿童时期食用过多的劣质小食品的危害。儿童的铅污染问题值得关注。与铅有关的食品是松花蛋、爆米花；有关的餐具是：陶瓷类制品、彩釉陶瓷用具及水晶器皿；含铅喷漆或油彩制成的儿童玩具、劣质油画棒、图片是铅暴露的主要途径之一[①]，因此，儿童经常洗手是十分必要的。另外避免食用内含卡片、玩具的食品。

（二）食品安全小常识

1. 易被污染的食物

夏季气温升高，湿度大，适合各种致病微生物繁殖，食物易腐败，再加之苍蝇叮爬，污染食物。如果人吃了被病菌或病菌毒素污染的食物，就可能引起食物中毒。熟食制品、凉菜、冷食等食品加工或储存不当，极易引发食物中毒。一般来说，易导致食物中毒的食品以冷荤、凉菜、剩米饭

① 潘金环. 食品化学性污染的危害及对策［J］. 中国卫生法制，2001.

和肉制品等为主，海鲜类食品、扁豆、新鲜腌制的咸菜也易出现这一问题。

2. 食物中毒可出现多种症状

食物中毒者最常见的症状是剧烈呕吐、腹泻，同时伴有中上腹部疼痛。食物中毒者常会因上吐下泻而出现脱水症状，如口干、眼窝下陷、皮肤弹性消失、肢体冰凉、脉搏细弱、血压降低，甚至休克。

3. 食物中毒后的应急措施

食物中毒发生后，千万不要恐慌，自乱阵脚，可以采取以下应急措施：饮水，立即饮用大量干净的水，对毒素进行稀释。催吐，用手指压迫咽喉，尽可能将胃里的食物吐出。处理，将引起中毒的饮食进行有效处理，避免更多的人受害①。

(三)《食品安全》儿歌

春季是传染病的高发季节，幼儿园的孩子年龄小，缺乏食品安全卫生意识，常喜欢买、喜欢吃流动摊点的食品和不利于健康的“垃圾食品”。为了孩子们的健康，请把好这一关。

食品安全歌

食品安全真重要，病从口入危害大。
三无食品莫食用，有害物质在其中。
小摊小贩莫相信，卫生更是谈不上。
过期食品切注意，吃了危害大又大。
变质食品切分清，中毒概率高又高。
油炸腌制要少吃，健康危害正面临。
良好习惯要养成，食品挑选切注意。②

儿歌（一）《预防疾病要牢记》。③

我拍一，你拍一，预防疾病要牢记；我拍二，你拍二，身体锻炼很重要；我拍三，你拍三，开窗通风把气散；我拍四，你拍四，蔬菜水果要常吃；我拍

---

① 《健康报》2004年6月11日第4版.

② http://clzx.hcedu.cn/banji/a201109/ShowArticle.asp? ArticleID=2990.

③ http://www.baobao88.com/babybook/wenxue/geyao/08/2566066.html.

五，你拍五，喷嚏咳嗽手绢捂；我拍六，你拍六，勤换衣服勤洗手；我拍七，你拍七，路边食品不贪吃；我拍八，你拍八，公共场所不要去；我拍九，你拍九，患者家中不逗留；我拍十，你拍十，自我保护有意识。

儿歌（二）《洗手歌》。

小朋友，快快走，卷起袖子来洗手，拧开水龙头，把手冲一冲，拿起肥皂搓搓搓。12345，手心搓搓搓，22345，手背搓搓搓，32345，指甲缝里搓一搓，42345，手腕记得也要搓。最后流水冲干净，双手水滴洒水槽，我们大家比一比，谁的小手最干净，最—干—净！①

二、教学设计

【例1】

不能吃的糖果②

（一）活动目标

（1）学习认识日常生活中几种容易误食的东西（如药、玻璃球、樟脑丸、干燥剂），了解误食的危害性。

（2）尝试制作禁止食用的安全标记，提高安全意识。

（3）体验游戏的快乐。

（二）活动准备

（1）布置场地

草丛、执教教师及配班教师戴“羊村长”、“灰太狼”头饰扮演角色；幼儿戴“喜（美、沸、暖、懒）羊羊”头饰扮演角色、课件《药丸不是糖豆豆》。

（2）糖果袋（内装有：玻璃球、樟脑丸、干燥剂）

人手一份，标签、记号笔人手一份，手枪一把。

（三）活动过程

1.“羊村长”播放课件《药丸不是糖豆豆》，教育“小羊”不能乱

---

① http：//rj.5ykj.com/html/25431.htm.

② http：//www.61ertong.com/youeryuanjiaoan/287/300/115629.html.

吃药。

(1)“羊村长”带“小羊”围坐在草地上。

“小羊”们，今天森林里出了一件事。“小超人”卡卡被救护车紧急送往医院抢救，到底是什么原因呢？我们一起来看看。

(2)播放课件《药丸不是糖豆豆》。

内容：“小超人”卡卡把药丸当成糖豆豆吃进肚子里，结果被救护车紧急送往医院抢救。提问：“小超人”卡卡为什么被送往医院抢救呢？(卡卡把药丸当成糖豆吃进肚子里了)

(3)教育“小羊”不能乱吃药。

“羊村长”：药丸看起来像糖豆，但不能乱吃。没有生病的人吃了药反而会生病的。

2.“灰太狼”来到草地上，撒下“糖果”等待“小羊”误食

“羊村长”：“小羊”们，“灰太狼”来了，大家赶紧躲在草丛里。“灰太狼”拎着糖果袋来到草地。

“灰太狼”：好久没有吃“小羊”了，肚子真饿呀。瞧，又香又甜的糖果，这可是我精心为“小羊”准备的。那群傻羊要是把它们吃到肚子里，就会头晕眼花、肚子痛得在地上打滚，到那时我再把它们一起抓住、吃掉。(“灰太狼”分发糖果袋在草地上)

(1)“小羊”学习认识这些“糖果”的名称用途，了解误食的危害性。

(2)每只“小羊”拾起一包糖果袋，打开认一认里面的“糖果”是什么。

“羊村长”：“灰太狼”已经走远了，“小羊”们快出来吧。瞧，这么多的糖果袋，里面装了什么呀？能不能吃呀？现在每只“小羊”去拿一包糖果袋，打开看看。

“小羊”自由议论。

(3)“小羊”一一认识它们的名称及用途，了解误食之后的危害性。

(4)“小羊”制作禁止食用的安全标志。

①羊村长：“小羊”们，现在赶紧把这些不能吃的东西都装回糖果袋里吧。你们瞧：我这里有一个禁止食用的安全标志，上面画了一个大大的

嘴巴和一个×，表示不能吃。把它贴在糖果袋上，就可以提醒其他的小动物们都不要吃。你们也来动手做做吧。

②“小羊”制作粘贴禁止食用的安全标志。

(5)“灰太狼”回到草地，“羊村长”拉响礼炮将“灰太狼”赶走。

①“灰太狼”回到草地，“小羊”们赶紧躲回草丛。“灰太狼”：咦？怎么一只“小羊”也没有？

②“羊村长”拉响礼炮将“灰太狼”赶走，“小羊”们欢呼。

“羊村长”：“小羊”们，以后看到自己不认识的东西时，虽然它看上去很漂亮，闻起来很香，但千万不要吃，而是要先去问问大人，同意了你再吃，知道吗？

(3)“羊村长”带“小羊”们离开草地回家。

【简要评析】

本教学设计从日常的角度讲解，通过实实在在的日常生活中的小事和严肃的教学态度，使学生了解日常生活中几种容易误食的东西（如药、玻璃球、樟脑丸、干燥剂），了解误食的危害性。在严谨的教育教学过程中让幼儿们熟悉和掌握必要的食品安全问题，是一个成功的教学设计。

【例2】

药丸不是糖豆[①]

(一) 活动目标

(1) 懂得药品不是糖豆，乱吃药或拿药品玩耍有危害。

(2) 知道药品是用来治病的，生病了要在医生的指导下吃药。

(二) 活动准备

(1) 活动前与保健医生联系好，做好参观保健室的准备。

(2) 多媒体教学课件或幼儿用书：《药丸不是糖豆》。

(三) 活动过程

(1) 观看多媒体课件《药丸不是糖豆》，使幼儿了解乱吃药的危害。

借助多媒体课件，提出问题引导幼儿讨论：晨晨为什么病了？家里的

① http：//www.jy135.com/html/kindergarten/anquan/201306/47438.html.

药品能随便吃吗?为什么?

(2) 带领幼儿参观保健室,请保健医生介绍药品,了解这些药品只有保健医生才可以动,吃药需要有医生指导。

①出示小药箱,认识不同种类的药品。

出示药箱中的药品,请幼儿从药品的颜色、形状、大小、气味观察不同的药品,教师简单介绍几种药品。

②将胶囊打开、将带有糖衣的药片掰开,引导幼儿观察胶囊里面有什么?糖衣里面有什么?引导幼儿发现这些好看的药品许多虽然有美丽的外衣,有的甚至还有甜味,但它们并不是糖豆。

(3) 调动幼儿已有经验,了解药品的作用。

交流讨论:人们什么时候需要吃药?引导幼儿了解药品是用来治病的,一定要在医生及家人的指导下吃药。

【简要评析】

本教学设计是从儿童的生活入手,让儿童在生活中懂得药品不是糖豆,乱吃药或拿药品玩要有危害。该节课教学环节清晰、完整具体,能活化教学内容并使之生活化。符合让儿童乐于学习、主动探究的原则,体现教师为主导幼儿为主体,体现课程教学改革的基本理念。

【例3】

餐厅里的小顾客[①]

(一) 活动目标

(1) 知道要小心使用公共餐厅里的餐具,进餐时不玩餐具。

(2) 知道在公共餐厅要安静、文明地进餐。

(二) 活动准备

(1) 餐桌一张,桌上铺有桌布,整齐地摆放下列餐具:瓷质小碗、小盘、小勺,不锈钢小叉子(小叉子放在小盘子里)、玻璃杯。小勺、餐巾纸适量。教师扮成餐厅服务员。

(2) 活动图片(32 开)两组:女孩正确进餐图片四张,男孩错误进

① http://new.060s.com/article/2014/06/06/886104.htm.

餐图片六张。

(3) 4开作业纸6张（其中两张画有大拇指图案），水彩笔4盒。

（三）活动过程

1. 开始部分

谈话——激发幼儿的兴趣

师：小朋友，今天我们要玩一个很有趣的游戏，游戏的名字叫“找错误”。

2. 基本部分

(1) 观察小餐桌——激发幼儿兴趣。

①师：小朋友看到的这些餐桌在哪里见过啊？小朋友看老师今天打扮得像谁？再猜猜今天我们要做些什么？

②师：小朋友，我们这个餐厅的名字就叫——快乐小餐厅。今天这个餐厅要举行免费品尝美食活动，参加品尝的顾客必须是餐厅里的文明顾客。我是餐厅服务员，我要考考你们，过关了就可以参加今天的品尝活动。好，开始喽！

(2) 游戏——引导幼儿了解在公共餐厅里就餐的安全常识。

第一关：看看想想，你会用餐具吗？

①教师：小朋友下面请你们看一下餐厅里面都有什么？这些餐具和幼儿园的餐具有什么不同？吃什么东西会用到小叉子？

②教师小结：餐厅里的餐具有瓷碗、磁盘、瓷勺、玻璃杯、小叉子等，瓷碗、瓷盘、瓷勺、玻璃杯这些餐具都很容易碰坏、摔碎，碎片像刀子一样，会划破皮肤，所以用的时候要轻拿轻放；吃西餐、水果的时候会用到小叉子。小叉子有齿，容易扎伤嘴巴，使用时要慢慢地把食物送进嘴里，不把勺子含在嘴里、拿在手里玩，防止伤到自己和同伴。

第二关：看看想想，谁的表现好，谁的表现不好？

③教师出示活动图片和作业纸，引导幼儿观察、理解图片内容进行分类。

提问：看一看，想一想，女孩和男孩在餐厅吃饭时，谁的表现好？谁的表现不好？为什么？

然后把女孩的照片贴在有大拇指图案的作业纸上，把男孩的照片贴到空白的作业纸上。

教师小结：女孩在餐厅吃饭时，一般情况下能正确地使用餐具，安静地坐在椅子上吃饭，想说话时把餐具放下轻轻地说；男孩吃饭的时候一般会一边吃饭，一边大声说笑，一会儿把小勺含在嘴里玩，一会儿又拿小勺去戳同伴的脸部，玻璃杯也掉在地上摔碎了，没吃完饭就和同伴离开座椅追逐打闹。我们去餐厅吃饭时，要学女孩。

第三关：写信帮助，做餐厅文明小顾客。

④请幼儿每人对男孩说一句话，帮助他改掉不好的行为。

3. 结束部分

教师：组织美食品尝会，庆祝闯关成功，巩固经验。

【简要评析】

以上教学设计内容充实，能够使学生全面地了解小心使用公共餐厅里的餐具，进餐时不玩餐具。本次课的讲解不仅使幼儿学会了理论性知识，还使幼儿学会了应急处理的办法，把所学的知识真正运用于实践当中。该教学设计具有实用性、全面性等特点。教学资源丰富的同时，有条理，教学目标明确。

三、教学素材

相关案例

天津一所幼儿园140名儿童食物中毒——被责令停办。[①]

2015年3月7日，天津市一家私立幼儿园——东丽华夏之星幼儿园，140名儿童陆续出现高烧、腹痛、腹泻、呕吐等症状。目前，仍有22名患儿在市儿童医院接受治疗。东丽区卫生局表示，事件确定为食物中毒，来源于幼儿园晚餐中的蛋炒饭及洋白菜。现该幼儿园已被区教育局责令停办。

“孩子现在情况好很多了，只有肚子还在腹水。之前住院的10多天过得太痛苦了，每天便血，一天能拉肚子28次，嘴角都烂了，每天还要灌肠

① http://news.xinmin.cn/shehui/2015/03/18/27104652.html.

几次，孩子疼得又哭又叫。”一名幼儿园中毒儿童家长张女士（匿名）称。

张女士的女儿是该幼儿园学二班的学生，今年5岁半。她表示，幼儿园每天收取6元的餐费，并在微信上将当日所吃食物图片发给家长。事发当日，幼儿园却没有传食物照片，“当时只是觉得奇怪，也没多想，孩子当天回来也没什么事”。

“第二天上午，孩子早上起来就开始发烧，我们去附近小医院后，发烧39.6℃，开的也是感冒药。”张女士补充道，后来孩子持续高烧不退，达40℃多，才转至天津市儿童医院。

“儿童医院里还住有22个小孩，有几个是前两天病情复发又住院，我们很担心孩子以后的健康。”另一名患儿家长称。

3月10日，东丽区卫生局发通报称，自2015年3月7日起，东丽华夏之星幼儿园有多名儿童陆续出现高烧、腹痛、腹泻、呕吐等症状。检测幼儿园当日晚餐中的蛋炒饭及洋白菜，确定为沙门菌引起的食物中毒。目前已经停止该幼儿园食堂经营活动。

记者就此事致电东丽区教育局，工作人员表示，“正在一步一步做工作，首先是孩子治疗问题，联系医院开设绿色通道，市立儿童医院开辟专家，给患儿进行统一会诊”。

此外，由于该幼儿园未取得“民办幼儿园办园许可证”，存在饮食、疾病传染等安全隐患，现已在3月14日被责令停办。

四、知识链接

（一）《幼儿园工作规程》

第十三至第二十条，明确规定了幼儿园应当制定有关制度，对在园幼儿的衣、食、住、行全面照管及对幼儿进行安全教育。这些制度即是幼教工作者必须遵守的法规。

幼儿园食堂与幼儿集体用餐的卫生、安全管理必须坚持预防为主的工作方针，实行卫生部行政部门监督指导，教育行政部门监督，幼儿园具体实施的工作原则。

第一条 购进的任何食品一律应当进行实地查验。

第二条 在购进食品时，应查验证明供货方主体资格合法的有效证件，并按批次向供货方索取证明食品质量符合标准或规定，以及证明食品来源的票证，并保存原件或者复印件。

第三条 经营包装食品的，要对食品包装标识进行查验核对，主要查验内容包括：

①查验食品包装是否有中文标明的商品名称、生产厂家厂名、厂址；是否在包装上显著位置清晰标明食品名称、配料清单、配料定量、净含量和沥干物（固形物）含量。特殊膳食用食品是否在显著位置予以清晰标示能量营养素、食用方法和适宜人群。

②是否标明生产日期、保质期、贮藏说明、产品执行标准、质量等级。

③对使用不当，容易造成损害及可能危及人身、财产安全的食品是否标警示标记或中文警示语。

④经感官鉴别是否存在已经腐败变质、油脂酸败、霉变、生虫、污秽不洁、混有异物或者有其他感官性状异常，可能对人体健康有害的食品。

⑤食品是否符合产品说明书的质量情况。

⑥是否存在应当检验、检疫而未检验、检疫，或者伪造检验、检疫结果，或者检验、检疫不合格的食品。

⑦进口食品是否用中文标明原产国国名、地区名以及在中国依法登记注册的代理商、进口商或者经销商名称和地址。

⑧辐照食品、转基因食品是否在显著位置予以清晰标示。

第四条 法律法规规定必须检验或者检疫的，必须查验其有效检验检疫证，未经检验检疫的，不得上市销售。法律、法规没有明确规定的，应经有关产品质量检测机构或市场设立的检测点检测合格才能上市销售。

第五条 应加强检查食品的外观质量，对包装不严实或不符合卫生要求的，应及时予以处理，对过期、腐烂变质的食品，不得入库，并立即停止销售，并进行无害化处理。

第六条 审查食品是否与其广告宣传相一致，是否存在有虚假和误导宣传的内容。

第七条 在进货时，对查验不合格和无合法来源的食品，应拒绝进货。发现有假冒伪劣食品时，应及时报告当地工商行政管理部门。

（二）食品索证索票制度

第一条 索证索票制度是指为保证食品安全，在购进食品时，本单位员工必须向供货方索取有关票证，以确保食品来源渠道合法、质量安全。

第二条 与初次交易的供货单位交易时，应索取证明供货者和生产加工者主体资格合法的证明文件：营业执照、生产许可证、卫生许可证等法律法规规定的其他证明文件，每年核对一次。

第三条 在购进食品时，应当按批次向供货者或生产加工者索取以下证明食品符合质量标准或上市规定，以及证明食品来源的票证：

（1）食品质量合格证明；

（2）检验（检疫）证明；

（3）销售票据；

（4）有关质量认证标志、商标和专利等证明；

（5）强制性认证证书（国家强制认证的食品）；

（6）进口食品代理商的营业执照、代理资料、进口食品标签审核证书、报关单、注册证。

第四条 下列食品进货时必须按批次索取证明票证：

（1）活禽类：检疫合格证明、合法来源证明；

（2）牲畜肉类：动物产品检疫合格证明或畜产品检验合格证明、进货票据；

（3）粮食及其制品、奶制品、豆制品、饮料、酒类检验合格证明、进货票据。

第五条 对获得驰名商标、著名商标或者省级以上安全食品、无公害食品、绿色食品、有机食品、名牌产品称号的优质食品，可凭以上称号相应标识和凭证直接销售，免予索取其他票证。

第六条 对实行购销挂钩的食品，可凭购销挂钩协议和供货方的销售凭证直接销售，免予索取其他票证。

第七条 对索取的票证要建立档案，并接受市场服务中心和有关行政执法部门的监督检查。

（三）食品质量检查制度

第一条 对所有进货食品都要进行检查，并定期对食品进行抽查检查或检测。

第二条 对包装不严实或不符合卫生要求的，过期、腐烂变质的食品应及时予以处理，发现有假冒伪劣食品时，应及时报告当地工商行政管理部门。

第三条 抽查检查或检测采取随机抽样的方式。抽样时，应两人以上相关人员在场，并填写抽样记录单，并签字、盖章。

第四条 受测户对检测结果有异议的，可另取样进行检测或根据实际情况送法定检验机构检测。

第五条 食品质量检查应按规定的操作规则、工作规程进行操作，确保检测公正、准确、有效。

（四）场所环境卫生检查制度

第一条 制订定期或不定期卫生检查计划，将全面检查与抽查、问查相结合，主要检查各项制度的贯彻落实情况。

第二条 卫生管理人员负责各项卫生管理制度的落实，每天在营业后检查一次卫生，检查各岗是否有违反制度的情况，发现问题，及时指导改进，并做好卫生检查记录备查。

第三条 各岗负责人应跟随检查、指导，严格从业人员卫生操作程序，逐步养成良好的个人卫生习惯和卫生操作习惯。

第四条 单位卫生管理人员每周 1 ~2 次全面现场检查，对发现的问题及时反馈，并提出限期改进意见，做好检查记录。

第三课 安全意识护自己

幼儿每一天都在长大，幼儿园教师要教会孩子们正确地认识自己的身体，也可以做必要的性教育，要学会保护自己的隐私部位等。

一、教学内容

儿童性教育就是对受教育者进行有关性科学、性道德和性文明教育培养的社会化过程。性教育不只是读一本书，听一次讲座或看一次录像，而是一个涉及家庭、学校和全社会的教育系统工程，也是一个随受教育者年龄不断发展的再社会化过程。帮助孩子认同自己的性别，依性别规定他（她）的性别角色行为和动情反应，对孩子展示裸体和生殖器不采取简单斥责或欺骗的态度，既要教之以羞耻感，又不要过于责怪其隐瞒。对男女儿童性器官的差别和“我是从哪里来的”提问父母可坦然相告，而不避讳如深。要让孩子与同龄的同性和异性孩子一起游戏玩耍，培养孩子与同龄人相处的自然而健康的态度，建构健康的人格。

儿童性教育分为婴儿期、幼儿期、儿童期、少年期和青年期五期，叫五期性教育。

婴儿期性教育的主要内容是通过家长，主要是母亲对孩子的抚育喂养。母亲与儿童身体的接触，可增加孩子神经系统的敏感性，促进孩子大脑的分化发育。与成人身体接触不足的儿童，其智力、性敏感性都将受到程度不等的损害。美国动物心理学家研究发现，若让离开母亲的两只幼猴由不同的母亲喂养，一个是“棉布毛巾妈妈”（外包毛巾被的人工雌猴，胸前有奶瓶），另一个是“金属刺妈妈”（浑身长满金属刺的有奶瓶的人工做的假雌性猴子）。吃金属猴妈妈的奶长大的幼猴，成年以后不会进行性活动，而且行为退缩，不合群。所以婴儿期的教育特点是满足婴儿食欲的同时，还要满足婴儿皮肤触觉的发育需求，这一时期一般不超过3岁。此时母子同被而眠对儿童的发育是有好处的。

幼儿期性教育为开始让孩子认识自己的性别，并初步进入性别角色。例如，鼓励男孩子的勇敢坚强，鼓励女孩子的温柔甜美、爱清洁，等等。还有，男孩子应该穿男孩子的衣服，女孩子应该有女孩子的服饰。那种从自己的好恶出发，男孩女养或女孩男育的做法是极为有害的，因为这或许正是孩子日后发生同性恋的原因之一，或许会成为孩子未来的家庭不和的诱因。此时应该同时开始灌输初步的性道德观念，如让男孩爱护尊重女性等。学会基本的性卫生知识，例如，大小便以后要洗手，不可把小棍等物塞入小便的孔窍中，等等。此时为便于关照幼儿，父母亲应该与孩子同床而卧，但必须分被而眠。这一阶段是从断奶起到6岁，即孩子夜间会自己起夜前止。如果孩子独立能力强，什么时候能自己起夜，就应该什么时候分床。

儿童期性教育从6岁起到10岁以前。这时儿童已经进入学校学习，社会知识和活动范围进一步扩大。一切有条件的家庭均应与孩子分房而居。此时的孩子性意识进一步增强，出现了不愿意和异性同桌、同行，为自己的性别而骄傲、自豪。此时不应该粗暴干涉孩子的这一心理现象，而应该肯定。如果发现孩子厌恶自己的性别角色，则应该及时纠正，以防发生日后性别角色倒错现象。此时要教给孩子性卫生的基本知识，学会保持性器官的卫生。同时应该教会孩子知道如何保护自己，鼓励孩子的独立倾向，要求孩子要男女有别，特别应教育男孩子要尊重女性，教给孩子男女交往的一般道德规则，要孩子自尊自爱。

少年期性教育有着特别的意义。因为此期内多数孩子先后进入青春发育阶段，女孩子表现为月经来潮，男孩子表现为初次出现遗精。他们已经开始注意异性，有了蒙眬的性意识，对异性开始有了好奇和交往的要求。此时的性教育内容主要为：青春期生理卫生知识，经期卫生知识，男女交往的原则及注意事项，女孩子如何保护自己，初步的婚恋道德原则，明确法律与道德对两性关系的基本要求，防止性犯罪的发生，同时对自己既要认识又要接受。这一时间段是从10～20岁。

青年期性教育的特点是孩子已经成年，有了独立的爱好、个性，逐步走向成熟，开始恋爱结婚，组建自己的家庭。性教育的主要内容是如何承担家庭的责任与义务，夫妻生活知识，子女教育知识，家庭经济知识，为建立家庭做好准备。这一时间是从20~35岁止。

家长在对孩子进行正确的健康性教育时，性教育专家认为要注意下面几个方面。

1. 合适的年龄

从理论上讲，男女的性别差异，特别是第一性征，在孩子青春发育之前解答没有问题，就目前社会文化的现状来看，对于男女第一性征的差异，最好在5岁之前解答。性教育要相对超前一些，但不能脱离孩子的理解能力。

2. 合适的方法

在孩子5岁之前，可以用父母的身体说话，但是5岁以后，采用图书、音像资料及其他方法比较合适。

3. 合适的内容

孩子的性教育，每个年龄段的内容应该有所侧重。5岁前应该解决性别知识等简单的问题。青春发育前，要进行性生理的教育；青春发育时，要进行性心理和性道德的教育。

总之，对孩子进行性教育要坚持自然、合适的原则，不能刻意为之，也不能用成人的眼光来看待孩子的问题。

二、教学设计

【例1】

给孩子一个有尊严的身体①

（一）活动目标

（1）科学、正确地面对性话题，学会尊重自己和别人的身体；

（2）有初步的自我保护意识，了解基本的防卫方法。

（3）引导幼儿积极地思维，自由地表达。

（二）活动准备

有位科学家曾经说过，人们生来就具有性的差别和性的要求，并且保

① http：//www. art - child. com/school/jiaoan/youer/da/201111/23103. html.

持终生。在儿童期，尤其是婴幼期，根本不存在性问题，更无从谈起性心理了。事实上，人生伊始就有性生理现象出现。当然，婴幼儿期也就相应存在性心理问题，只是表现形式和认识程度不同。在很多成人眼里，小孩根本不是一个完整的人，因此往往随意逗弄孩子，无论孩子是否愿意，掐一掐，捏一捏，摸一摸，抱一抱。最近，我班的孩子经常会问："老师，为什么女孩子要蹲下来，我们男孩子就要在另一处站着小便呢？"同时，他们对两性问题表现出的早熟倾向引起了我们的关注：有的孩子经常会扭住我提很多他关于成人生活的困惑；还有的男孩子竟忍不住好奇，偷偷在女孩子小便时观察一会儿……近日，又从新闻上看到一个男子对儿童进行性侵犯，又恰逢"安全宣传日"。于是，我们决定对孩子们现阶段最为关注的话题做出正面的、积极的回应，新《纲要》指出："幼儿园必须把幼儿的生命和促进幼儿的身心健康工作放在首位。"这就要求幼儿园教育目标必须以幼儿为本，从幼儿生命健康成长的需求出发实施教育，为幼儿奠定终身发展的基础，同时对学前教育阶段如何开展启蒙"性教育"进行探索，生成了本次活动"身体的秘密"。

（三）活动过程

（1）探讨"什么是性"。

在教师的谈话中很自然地引出了问题"什么是性"，在让小朋友以性别分为男女两组的同时，幼儿阐述着自己对不同性别的看法，即"男女有什么区别"，从而教师又提问引发幼儿思考：什么是"性"？

有的说："性是我们的姓名。"

有的说："性是性别的不同，就是男孩和女孩。"

那么怎样来辨别男孩女孩呢？孩子们都选择了平时生活中男女的外表特征来进行区分，如头发的长短、鞋子的颜色与款式、裙与裤的差别。恰巧，我班也正有一个男孩子留着小辫子，那又怎么去辨别他是女孩还是男孩呢？这一次可难住了他们。这时，黄宇斌害羞地指着自己的裤裆轻轻地说："看这里。"这时活动室里传出了一阵笑声，有的还对他指指点点，斌斌觉得很不好意思。

有个小朋友问："这里是什么呀？"

他又再次回答，说："小虫虫。"

我说："那我们给他取一个好听的名字，叫小弟弟吧。"

"那女孩呢？她们的生殖器是什么呢？"又有一个孩子问。

"我知道，男孩子叫小弟弟，女孩子叫小妹妹。"项胜说得很干脆。

顿时，教室里又传来了笑声，大家问我项胜说得对不对，我不好意思地说："对，可以这么认为。"随即我进行了小结："性"是和我们的身体密切相关的，不只是从头发的长短就能判断性别的，更重要的是我们身体的某些部位，是代表着性别差异的。是哪些部位呢？就是我们穿衣服遮起来的部位。

（2）让幼儿明确身体的隐私部位，学会尊重自己和别人的身体。

①请幼儿观看《蜡笔小新》，对小新随便脱裤子的行为进行讨论。

②出示洋娃娃，请幼儿指出什么部位是要保护的，不能随便给别人看的？

孩子们指出了娃娃的乳房、生殖器及臀部。我再次展开了小结：我们身体的某些部位是不能随便给别人看的，我们要尊重自己和别人的身体，因为那是我们的隐私，随便暴露自己的隐私是不礼貌的行为。除了妈妈，我们的隐私部位别人不能碰；如果有人叫你单独一人去没人的角落或屋子，千万不要去……

最后我们又进行了讨论，提出了自我防卫的策略。

有的说："如果别人碰我、摸我，我就打电话给父母。"

有的说："我会报警。"

有的说："我会向可信任的成人求助。"

有的说："我会大声呼叫救命。"

……

（3）活动延伸。

活动结束后，孩子们进厕所去小便时，男孩子、女孩子都互相让着，有的甚至会关上门进行小便，有的男孩子等女孩子出来再进去，有的刚进去，看见女孩子在小便，就立刻闭起眼转过头去等……

【简要评析】

本活动的内容和活动的目标适合本班幼儿，选择于幼儿生活的课程，有利于幼儿在原有的基础上学会保护自己的身体，以提高孩子的自我保护能力，即符合幼儿的生活经验。

【例2】

身体的秘密[①]

(一) 活动目标

(1) 科学、正确地面对性话题，学会尊重自己和别人的身体。

(2) 有初步的自我保护意识，了解基本的防卫方法。

(3) 引导幼儿积极地思维、自由地表达。

(二) 活动准备

(1) 幼儿的准备：活动前的调查记录，对两性的区别有了初步的认识。

(2) 教师的准备：收集大量的性教育资料（今日说法、《画说性》等），以应对课堂上孩子们的突发提问。

(3) 角色分工、互助协调。

(4) 布置有关两性知识的活动区角（包括人物、动物），提供较为丰富安全的可操作材料。

(三) 活动过程

1. 谈话引入，讲解什么是“性”

(1) 请小朋友以性别分为男女两组，两名老师明确分工。幼儿阐述自己对不同性别的看法，即“男女有什么区别”。

(2) 提问引发思考：什么是“性”？

小结：“性”是和我们的身体密切相关的，不只是从头发的长短就能判断性别的，更重要的是我们身体的某些部位，是代表着性别差异的。是哪些部位呢？就是我们穿衣服遮起来的部位。

2. 明确身体的隐私部位，学会尊重自己和别人的身体

(1) 请幼儿观看《蜡笔小新》，对小新随便脱裤子的行为进行讨论。

(2) 出示洋娃娃，请幼儿指出什么部位是要保护的，不能随便给别人看的？（用“游泳”讲解）

---

① http：//new.060s.com/article/2013/05/24/760174.htm.

小结：我们身体的某些部位是不能随便给别人看的，我们要尊重自己和别人的身体，因为那是我们的隐私，随便暴露自己的隐私是不礼貌的行为。

（3）游戏“找朋友”，体验与朋友的亲密接触，讨论哪些接触是友好、善意的，哪些是不友善的接触？（如有必要，可解释“性侵犯”）

小结：除了妈妈，我们的隐私部位别人不能碰；如果有人叫你单独一人去没人的角落或屋子，千万不要去。

3. 案例分析，幼儿分组开展“参与式讨论”，老师做好引导和记录

（1）案例讲述，幼儿开展讨论。

（2）分组“参与式讨论”，提出自我防卫的策略。（打电话给父母、报警、向可信任的成人求助、大声呼叫求救）

4. 活动延伸

（1）自主选择活动区，丰富有关身体的知识。

（2）了解幼儿关注的热点，捕捉有价值的教育素材，继续生成、开展相关的主题活动。

【简要评析】

本活动科学地、正确地面对性话题，通过对话游戏等形式，让学生学会尊重自己和别人的身体，并形成初步的自我保护意识，了解基本的防卫方法。引导幼儿积极地思维，自由地表达。

【例3】

学会保护自己①

（一）活动目标

（1）让学生正确认识自己的身体，学会保护自己，尤其是保护自己的隐私部位，提高学生自我保护意识。

（2）让学生认识和分辨什么是性侵害，加强防范意识。

（3）掌握防范性侵害的方法及基本的自救技能，以及遭遇性侵害的后续处理。

---

① http：//wenku. baidu. com/link.

（二）活动准备

PPT 教学课件、一分钟性教育短片、性健康教育资料。

（三）活动过程

1. 陈述案例，提高学生警惕

（1）教师组织学生观看《一分钟性教育》短片 3 分钟，引入课题。

（2）案件、现状陈述。

据《广州日报》7 月 19 日报道，4 名小学生被同一陌生人性侵，没有一人报案，4 名小学生均为外来务工人员子女。去年 7 月，7 岁的小美放暑假后，来到妈妈所在的工地玩儿，妈妈做事去了，将小美留在工地宿舍里玩耍。工地保安雷某把小美强暴了。类似的案例还有很多，农村留守儿童和外来务工家庭子女是遭遇性侵害“重灾区”。

《2013 年儿童安全教育及相关性侵害案件情况报告》显示，2013 年以来，性侵害儿童的恶性案件在全国各地呈持续高发状态，去年一年间被媒体曝光的案件就高达 125 起，平均 2.92 天就曝光一起，其中受害者 8 岁至 14 岁居多。北京青少年法律援助中心 2013 年对 40 起儿童被性侵害案的统计显示，留守儿童性侵害案件占到统计案件总数的 47.5%。儿童性侵害案件呈现受害人低龄化、乡村案发高、熟人犯案多等特征。

（3）教师小结过渡。

目前，我们农村的现状是班上半数以上都是留守儿童，因此“性健康教育”迫在眉睫。孩子们应学会保护自己。保护自己，应先认识我们自己的身体。

2. 认识身体，保护隐私部位

（1）问题探究：看图思考，男孩、女孩有啥不一样？

（2）教师相机指导。

①男孩穿短裤遮住私密部位，女孩既穿短裤，还穿背心遮住身体隐私部位；

②男孩的隐私部位也叫“小鸡鸡”，学名是阴茎，上面的两个蛋叫睾丸，还有阴囊。阴茎是用来小便，男孩子是站着小便的。女孩子长大后，乳房会发育，女孩的私密部位还有阴部，女孩子是蹲着小便的。

（3）做游戏：找出身体的红灯区。

指导出示：我们的身体有很多个部位，有的总是露在外面给别人看，如眼睛、嘴巴、鼻子、胳膊、腿等，但有的部位是不能给别人看，也不能给别人摸的，包括胸部、臀部、裤衩遮住的地方，它们称为隐私部位，也就是我们身体的“红灯区”。它们和我们鼻子、眼睛等同等重要，都需要我们用心照顾和保护。

(4) 教师再次强调，学生朗读并牢记。

我们身体的隐私部位不能随便看，任何人不能随便说，更不能随意摸，需要用心照顾和保护，裤衩遮盖的地方要每天清洗。

3. 分辨性侵害，加强防范意识

(1) 了解“性侵害”定义教师相机指导。

凡是让我们不舒服的身体接触，就是对我们身体的侵害，属于“性侵害”。它主要包括以下这些方面：①不必要却有意识地碰触你的身体部位，如使劲抱你、摸你、亲吻你的身体，或者摸你的大腿、隐私部位等，让你觉得很不舒服；②指使你碰触她的身体部位，如让你抚摩、亲吻她的隐私部位；③让你看带有身体裸露的人像图片、影像视频。

(2) 图片出示小事例，打打性侵害预防针。

(3) 多媒体出示10道习题，课堂测验学生（习题如下）。

①同学们，你认为下面哪些行为属于性侵犯？请选择“是”或“不是”。

被人强吻

被长辈或老师轻捏面颊

被迫观看或触摸他人的性器官

被迫一起观看黄色书刊或色情影碟

告诉父亲一件开心的事情，父亲高兴地拥抱你

②以下这些行为是可以、不可以、偶尔可以，请选择。

在游泳池的更衣室里裸露身体

接受陌生人给的食物

和不太熟的人约好去爬山

叔叔很久没见我了，见面后他想抱抱我

做网友很长时间了，一个人去会网友

（4）教师小结过渡。

4. 智对性侵害，掌握自救技能

（1）教授面对陌生人性侵害的自救方法。

①保持警惕。注意与你单独接触的人，观察他是否有不正常的言谈举止。不要随便单独接受他人的邀请。

②不贪小便宜。出去办事时，一定要告诉父母，最好有成年人陪同。不随便搭乘陌生人的车，不随便与陌生人接触。

③保守必要的秘密。不随便把家里的电话、地址、父母的工作单位等属于自己或家庭的信息告诉陌生人。

（2）课堂提问环节。面对陌生人的性侵，你还有什么好的建议？学生回答，适当鼓励。

（3）讨论应对熟人骚扰的方法。学生分组讨论，教师相机指导：①找人帮忙；②大叫和反击；③快跑和求援；等等。

（4）课堂检测，学生抢答。

多媒体出现5道检测题：当遭遇性侵犯时，以下哪些做法是正确的？请选择“正确”或“不正确”。

①不理会罪犯是否有武器，大声喊叫。

②马上将事情告诉家长并及时报警。

③尽量记住罪犯的声音、容貌等特征。

④因为罪犯是熟悉的人，逆来顺受。

⑤立即换下身上所有衣物，并将衣物洗干净。

（5）评价、鼓励。

（6）教师小结过渡。

掌握必要的自救技能是非常有必要的。希望女孩子们锻炼好身体，学会保护自己的本领。万一遭遇性侵害，记得沉着冷静，机智面对！

5. 走出阴影，乐观成长

（1）提问：遭遇性侵害后，我们应该怎么办？

（2）引导，出示：①遇到这种情况千万不能忍气吞声。②要及时告诉自己最亲近、最信得过的人或者直接报警。

（3）教师教育引导：这种事情应该承担责任和受到惩罚的是对你施加

侵害的人，不要自责，不要自卑，要相信你还是原来完整而美好的你，要尽快从恐惧、羞愤的心理阴影中走出来。

（4）强调记忆：太阳每天都是新的，生活依旧美好！

（5）用律师的话教育学生：性侵害后，应伸张正义，不应“吃哑巴亏”。

教师小结：每一个女孩都像一朵花，美丽而又娇嫩。女孩子应学会保护自己、学会防范性侵害。每一个大人，尤其是家长、老师都应负起自己的责任，呵护女童健康快乐成长！让我们一起努力，也衷心祝愿每个女孩都能像花一样灿烂绽放！

【简要评析】

幼儿要进行诸多方面、诸多情况的安全教育。因为幼儿的整体理解能力还不是很发达，因此要以不同的形式，多次多教学内容进行强调。同时这样将知识在幼儿的记忆中，不断重复，达到其真正能够记住的可能。对话教学对幼儿来说，是比较具有吸引力的，同时也是对幼儿代入感最强的。幼儿经过一问一答的形式，就得知了自己在相关情况下，应该如何去做，这样加强了幼儿对知识的深层次记忆，做到学以致用。

三、教学素材

相关案例

德阳一幼儿园教师性侵害4岁幼女[①]

2013年3月21晚，德阳市旌阳区李姓家长在给孩子洗澡时发现孩子下体受到“伤害”。到医院检查结果显示为急性阴道炎，处女膜裂伤，家长怀疑4岁女儿在学校遭“性侵”，李姓家长随即报警，并找学校讨要说法。

5月31日中午，四川德阳警方通过其官方微博“德阳警方e在线”发布消息称，经公安机关全力侦破，犯罪嫌疑人陈某（德阳外国语学校幼儿园教师）因涉嫌猥亵儿童罪已被警方移送检察机关提起公诉。

① http：//www.beva.com/a/25446.html.

最新进展：公安机关已提起公诉，案件正在调查中。

四、知识链接

《幼儿园工作规程》（以下简称《规程》）中规定幼儿园的任务是：实行保育与教育相结合的原则，对幼儿实施智、德、体、美全面发展的教育，促进其身心和谐发展。《规程》第三章“幼儿园的卫生保健”第十二条：幼儿园必须切实做好幼儿生理和心理卫生保健工作。

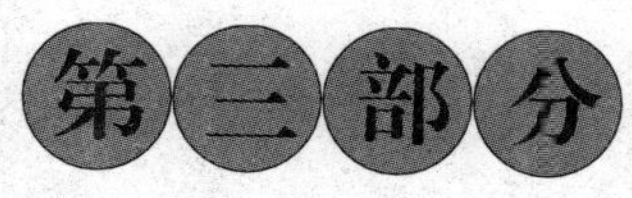

预防和应对意外伤害类事故

内容提要

本部分针对幼儿因年龄小，好奇心强又好动，喜欢户外活动等特点，对幼儿在户外活动、游戏以及室内活动中可能出现的意外伤害情况进行讲述。通过本板块内容的学习，使幼儿在户外活动中学会如何预防意外伤害，游戏时发生意外事故如何处理，以及在室内如何科学地用电、防止触电以及发生事故后如何正确实施解救办法，让儿童远离意外伤害事故，更加健康地成长。

第一课　危险之地要牢记

一、教学内容

数据显示，我国儿童意外伤害呈逐年递增趋势，已成为儿童死亡和致残的主要原因之一，其中近1/2儿童意外伤害事故发生在家中。

33%的家长对哪些是意外伤害不很清楚；只有50%的人认为在中国意外伤害是0～14岁儿童的首要死亡原因；超过40%的家长对空饮料瓶装化学剂会威胁孩子没有清楚认识；只有62%的人认为孩子是不能一个人单独留在家中的；24%的家庭把暖水瓶或饮水器放置在儿童伸手可及之处；还有23%的家庭在窗台边放有可攀爬的桌凳。

对“意外事故”的调查分析显示，意外的发生并不完全是偶然的，只有极少数“意外”是真正的意外，而绝大多数所谓“意外”，都可以找出直接或间接的原因。

《儿童权力宣言》：“儿童因身心尚未成熟，在其出生以前和以后均需要特殊的保护和照料……”

《幼儿园教育指导纲要（试行）》在健康领域培养目标中的描述：“知道必要的安全保健常识，学习保护自己。”

学龄前儿童生理和心理的特点决定了整个学龄前阶段都是意外高发和易发时期。一岁半到两岁半的孩子就会表现出强烈的自主独立和活动的欲望，大人越是阻止，孩子越是开心。发展和认知心理学称孩子的这个时期为“第一反抗期”。这个时期的出现是孩子成长和成熟的一个标志，并非坏事，但从安全角度看，这时发生意外伤害的可能性会大大增加，应引起家长足够的重视。

整个学龄前阶段的孩子所表现出的好奇心和探索的欲望都是极其强烈

的，如果家长只是一味地强迫、阻止，凡事都说“不”，结果往往是适得其反，而且孩子正常发展的需要如果得不到满足也会影响整个智力的发展。我们可以从正面告诉孩子电器危险不能动的同时，用适宜的玩具转移孩子对家用电器的好奇心和注意力，满足他们探索的需要。同时，家长有必要对家中各个场所和用品进行安全排查，堵住那些完全可以预见和避免的安全漏洞。家庭常见高危隐患的解决策略包括以下内容：

（1）家具、柜橱、门窗使用儿童安全搭扣。

（2）随时关好厨房的门。

（3）将热水瓶放到孩子拿不着的地方；饮水机一般不开热水开关。

（4）低处的电源插座要使用带儿童安全保护的，或移高位置。

（5）不用空饮料瓶和药瓶装清洁卫生用品。

（6）清洁卫生用品和药品要放到孩子拿不到的地方。

（7）刀、剪等工具要放到孩子拿不到的地方。

（8）不在未封闭的窗户旁放置可以攀爬的家具。

（9）不给孩子吃果冻；各种干果也要在家长关注下食用。

（10）在给儿童选择玩具时要注意分辨包装上标明的适用年龄说明。

因为安全教育的特殊性，所以说教的形式是必要的也是必需的，但要符合孩子的身心发展特点才能有效。在给孩子讲道理时，正确的方法是面对孩子并要有眼神的交流，语气要平静并适当加重，语速不要太快，表情要适当严肃不能让孩子感觉是在开玩笑、做游戏。要让孩子通过你的语气和神态体会到事情的重要性和严肃性。不要对孩子大喊大叫，体罚也不是解决问题的最佳方式，因为孩子往往只记住了体罚本身的痛苦而不能正确地联系原因，特别是年龄小的孩子更是如此。另外，及时地说教才能让孩子将规则和事件联系起来记忆下来，“翻旧账式”的说教毫无意义。

某些情况下也可以让孩子通过体验来加深对安全的认识。比如，抓住家人或孩子的同伴生病受伤治疗的时机，通过谈话和观察让孩子体会到受伤的痛苦，建立伤害与行为的联系，形成正确的认识。也可以抓住孩子的学习特点，以讲故事做游戏的形式让孩子体会到什么可能会造成伤害和痛苦，应该怎样做。

比如“厨房不是小孩子应该去的地方”这样的家庭安全规则是非常重

要的。家长是孩子的第一任老师，孩子模仿性极强，家长要成为孩子的好榜样，再比如饮食、睡眠、遵守交通规则等生活习惯上主动和自觉地按安全规则行事，可以潜移默化地给予孩子正面和良好的教育。

在安全教育中，家庭所有成员对孩子的要求和教育方法必须保持一致。上了幼儿园的孩子的家长还要积极寻求与幼儿园教育保持一致，及时与教师沟通，以免造成孩子心理和认知上的紊乱，影响良好安全习惯和行为的建立与巩固。

孩子年龄小，自觉性和自制力会比较差，而良好安全习惯的养成又不是一两次教育就能奏效的。因此，家长要有耐心，注意随时督促和观察，经常提醒。当孩子一个好习惯、好行为出现时家长要及时给予鼓励和表扬，使幼儿良好的习惯不断得到强化，逐步形成自觉的行为和习惯。

又是年终将近之时，孩子在家时间会随之延长，各种不安全的因素也会随之增加。安全问题是老话重提，但又不得不提。让我们共同关注孩子在家的安全，让每个家庭成为安全的、温馨的港湾，让每个孩子远离意外伤害，健康快乐地成长。

二、教学设计

【例1】

危险的工地

（一）活动目标

（1）知道施工场所有许多建筑材料、大型机器，很危险，不能随便进入。

（2）了解更多的关于工地的知识，知道安全帽、安全网的用途。

（3）扩展知识面，增强幼儿自我保护意识。

（二）活动课时

1课时

（三）活动准备

幼儿人手一本图书、一盒录像带。

（四）活动过程

1. 课程导入

请幼儿观看录像，了解建筑工地。

①建筑工地有什么？

②认识各种建筑工地上的安全标记和高大的施工机械，如搅拌机、大吊车等。

2. 讲授新内容

（1）给幼儿介绍有关工地的一些简单知识。

①为什么叔叔们的头上都戴着安全帽呢？

②为什么在房子的边上有许多绿色的网？（可以防止砖块、木材等物体从高处掉下来砸伤人。）

③盖房子前要干什么事情？

④房子外面的架子是怎么搭上去的？

⑤工地上有许多的沙子，小朋友可以到工地上玩儿吗？为什么？

（2）教师引导幼儿欣赏各种建筑物的图片，让幼儿讲一讲自己最喜欢的建筑物。

（3）引导幼儿阅读幼儿用书，看图说说。

①这是什么地方？

②小朋友在工地上做什么？

③这样做对吗？（请幼儿说说为什么）

教师小结：今天小朋友们知道了许多关于建筑的事情，也很爱动脑筋、会提问题，但小朋友们要记住工地是危险的，不能随便到工地上玩儿。

【简要评析】

该教学设计是针对幼儿设计的，其内容简要，主要采取讲授、图片展示、视频播放等教学手段向幼儿讲述有关工地方面的知识，只有了解基本常识，才能更好地保护自己。然而，该教学设计也有一些不方便实行的地方，所以教师在教育教学过程中应重点强调工地的危险性。

【例2】

了解厨房知识

（一）活动目标

（1）通过活动，使幼儿了解厨房里的危险有哪些，并具有一定的安全意识。

（2）学会保护自己，避免不安全事故的发生。

（二）活动课时

1课时

（三）活动过程

1. 课程导入

教师提问并引出主题。出示图（一）

（1）图上画的是什么地方？（厨房）

（2）从什么地方看出来是厨房？（有刀、铲、炉等物）

（3）你家有厨房吗？（有）厨房在什么地方？

小结：厨房里有这么多东西，小孩子个子矮，应少到厨房里去玩儿，为什么呢？因为厨房中隐藏了很多种危险。

2. 讲授新内容

第一种危险：厨房中刀具的危险。

（1）出示实物刀：玩具刀与真刀的对比。轻和重、大和小的对比。

（2）提问：厨房里的刀是拿来做什么的？如果小朋友去厨房玩儿刀，刀不小心落在自己的脚上，会怎样？

（3）出示图（二）：一个小孩玩儿厨房里的刀，刀落下来，差点落在幼儿脚上，真危险。

让幼儿看图和感知一下真刀，让其明白：厨房里的真刀不能玩儿，如果不小心落在脚上、会砸着脚趾，脚会受伤，很危险！

第二种危险：厨房燃气炉的危险。

（1）让个别幼儿找出燃气炉玩具，让小朋友想想厨房中燃气炉有危险吗？有哪些危险？

（2）出示图（三）：一个小孩在厨房里自己开燃气炉，爆出了火光，射在小孩脸上。

（3）让学生清楚辨别燃气泄漏。我们家中使用的天然气里都会加入某种物质，会有一种很特别的臭味儿——臭鸡蛋的气味。如果是煤气泄漏的话，也会闻到一种刺鼻的气味儿。当孩子闻到这些异样的味儿时，就要赶紧开窗通风，然后再去检查燃气管道。在检查的时候，我们可以教孩子一些小方法。比如，用抹布蘸上肥皂水沿着管道涂抹一遍，如果有气体泄漏，那么泄漏的地方就会冒出气泡。此时，孩子就要找维修工来帮忙维修管道。

（4）教师：小朋友自己不能开燃气炉，因年龄小，掌握不好开关，燃气泄漏会中毒，还会引发燃气爆炸。

第三种危险：炒菜时油爆在脸上、眼睛里的危险。

（1）出示图（四），让幼儿观察后讲出：妈妈在炒菜，个子矮、年龄小的孩子不能靠近锅边，油爆在脸上、眼睛里，小朋友哭了。

（2）知道炒菜的油爆在脸、眼上，会烫伤、会瞎眼等。

第四种危险：用热水瓶自己倒水，从炉子上取放的危险。

（1）出示图（五）：一个小女孩自己去厨房提（抱）炉子上的开水瓶（壶）倒开水。

（2）让小朋友说出图中的危险。

（3）教师：烧开的水或刚做好的饭菜温度高，不小心碰到了会被烫伤的。

安全教育：教师教给学生们安全知识①

（1）爸爸妈妈不在厨房的时候，不要一个人到厨房玩耍，如果厨房地比较滑，你会摔跟头的。

（2）不要随便动厨房里的工具，如菜刀、铲子等，小心你的手指会被割伤。

（3）如果你想像爸爸妈妈一样做饭的话，一定要听爸爸妈妈的话，在爸爸妈妈的指导下完成。

3. 活动延伸

回家到厨房里看看还会有哪些危险，和爸爸妈妈一起交流避免危险的

---

① 郑小兰. 安全教育［M］. 北京：朝华出版社，2009：9.

办法。

【简要评析】

本教学设计从日常生活的角度讲解，通过实实在在的日常生活中的小事和严肃的教学态度，使幼儿了解在厨房出现的安全事故以及可能遇到的一些安全隐患。在严谨的教育教学过程中让幼儿们熟悉和掌握了必要的厨房安全知识，是一个成功的教学设计。

【例3】

会惹祸的阳台

（一）活动目标

（1）了解阳台的功能。

（2）知道在阳台上跑跳、爬窗，在窗边嬉戏等行为很危险。

（3）能用简单的图示制作安全提示牌。

（二）活动课时

1课时

（三）活动准备

（1）多媒体教学资源，家中阳台的图片。

（2）不同形状的卡片、水彩笔，每位幼儿一套。

（四）活动过程

1.活动过程

（1）通过互相介绍“我家的阳台”，使幼儿了解阳台的功能。

①请幼儿介绍自己家阳台上有什么？家里人都在阳台上干什么？

②播放多媒体教学资源中阳台的图片。

让孩子观看录像，与孩子讨论录像中的小朋友在阳台上的行为哪些是正确的，哪些是错误的。如果没有录像，教师将以下场景描述给孩子听，与幼儿们进行讨论。录像主要包括以下片段。

片段一：一个小朋友坐在阳台上看书、折纸。

片段二：一个小朋友在阳台上跳舞、做体操。

片段三：一个小朋友踩在凳子上，将头和身体伸向阳台外喊楼下的小朋友。

片段四：一个小朋友拿着自己叠的纸飞机往阳台外抛。

片段五：一个小朋友将身体伸向阳台外拿手帕。

片段六：一个小朋友在阳台上玩儿，忽然风吹来将阳台门关上了，小朋友不知道怎么办？

教师引导学生们分段观看录像，每看完一段，就对同学们进行提问：这位小朋友的行为哪里对，哪里错？为什么？应该怎么做？

小结：在阳台上取晒衣架上的东西时，不能将身子探出护栏，应该用衣钩将衣物勾到可以拿到的地方再取回。否则，会发生危险。不能往阳台外扔东西，会砸伤他人。如果遇到阳台上门被风吹关上，应向屋里的成人求助，请他们帮忙。①

（2）教师讲述故事《涛涛的头卡住了》，使幼儿了解在阳台上玩耍时要遵守的规则，知道攀爬阳台、窗台有危险。

提问：涛涛在阳台上干什么？他的哪些行为有危险？

小结：小朋友在阳台上玩耍时不钻爬、不攀高，身体不能从护栏空隙穿过去，这样的动作非常危险。还要注意不要从阳台上往下扔东西，这样会伤到别人。

（3）制作阳台上的安全提示牌。

引导幼儿选择不同形状的卡片，设计简单、合适的图案或符号，制成安全提示牌。画好后可以带回家挂在自己家的阳台上，提醒家人注意安全。

2. 模拟训练②

情景模拟一：你的两个小伙伴在你家玩耍，他们在阳台上做游戏，站在阳台上往屋内跳，偶尔他们还趁对方不注意时互相推一下。

幼儿应对练习：我要赶快提醒两个小伙伴，让他们到屋子里边来玩儿，站在高高的窗台上多危险啊，要是掉到窗外去，那就惨了。

情景模拟二：你正在家里津津有味地看着精彩的动画片，突然听到窗外你熟悉的小伙伴在喊你的名字。

幼儿应对练习：在屋里与小伙伴对话，如果小伙伴听不到，那就赶快

---

①② 于帆，侯志伟. 儿童自我保护能力训练全书［M］. 合肥：安徽科学技术出版社，2011.

去找爸爸妈妈帮忙，让他们到窗前去问问小伙伴有什么事。要是找你玩儿的话，就让爸爸妈妈告诉他让他等你一会儿，你马上就去楼下见他。

3. 活动延伸

(1) 请幼儿回家后和家长一起找一找自己家的阳台有什么危险，挂上安全提示牌。

(2) 请家长根据自己家的阳台情况对孩子进行安全教育。

4. 活动反思

由于幼儿的年龄较小，独自在家时会很害怕，没有大人的看管易发生危险，幼儿缺乏自我保护意识，对攀爬阳台、窗台的危险不了解。我们应加强幼儿的安全意识。

【简要评析】

上面的教学设计通过情景模拟和图片，使幼儿了解阳台可能发生的危险。充分以幼儿为主体，并通过轻松的问答方式，能够更好地激发出幼儿对教学内容的求知、兴趣、好奇，使幼儿学会并牢记在阳台上玩时要注意的事项，并学会保护自己树立“安全第一”的意识。

三、教学素材

相关案例

济南市一名4岁的小女孩在保姆的带领下到四楼邻居家玩儿，好奇的小女孩跑到了阳台，踩着一只木凳就想往外看，由于阳台未封，小女孩一头栽了下去，当场死亡。在青岛市也曾发生过类似的一幕，一位保姆让一个两岁的小男孩在阳台午睡，因未将窗户关好，小男孩醒后在窗口玩耍，不慎坠楼造成脑部重伤。①

一个4岁的小男孩在家里熟睡，其母亲把门窗关好，出门办事，几分钟之后，当其母办完事回来之后，孩子已经躺在楼下的地上，耳鼻里不断涌出鲜血。开发区小孤山中里的一个12岁男孩随父母到爷爷奶奶家玩耍，

① 于帆，侯志伟. 儿童自我保护能力训练全书［M］. 合肥：安徽科学技术出版社，2011.

傍晚时，他趴在窗边向外看，家人没太在意。晚上7点左右，妈妈喊他吃饭，却怎么也找不到他。当母亲扑到窗前，往下看时，只见孩子仰面躺在红色的方砖上，周围有一摊血。①

2008年3月，贵州省贵阳市某小区的一位妈妈出门办事，将5岁的孩子留在家里。孩子由于对厨房感到好奇，就跑到里面玩耍。厨房地面由于积水再加上有油，所以非常滑，结果孩子一下子摔倒了。这家人使用的是煤炉，孩子摔倒时绊倒了煤炉，不但自己被烫伤了，厨房里堆积的一些杂物也同时被点燃了，火势瞬间蔓延开来。幸运的是，这个孩子忍着疼痛从屋里跑了出来，并且，大火最终也被附近的居民和消防队员扑灭了。②

2014年9月8日下午3时30分许，龙华东路888弄小区内发生一幕惨剧，28楼的一名4岁男童爬上窗台独自玩耍时坠落，不幸身亡。

事故原因：这名男童的母亲外出倒垃圾，将年幼的儿子独自留在家中。可能男童好奇爬上了放在窗台边的椅子，并借助椅子爬到了窗台上，导致重心不稳，身体翻出窗外，坠落至2楼平台上③

一天，吃完午饭后，小恒（2岁）和哥哥小茗（4岁）跟着奶奶在院子里玩耍。就在奶奶去猪圈喂猪的短暂时间里，两个孩子跑进厨房。没过多久，哥哥小茗突然哭喊着从厨房里跑出来告诉奶奶，弟弟的衣服起火了。听到这个消息，奶奶连忙丢下手里的工具跑进厨房，发现小恒的衣裤、头发全被烧着了，连忙伸手将孩子的衣服脱去。小恒的右脸、上半身以及腿部多处被烧伤，哭闹不止。随后，小恒被送到医院抢救。④

沧州市新华区清池南大道的一家幼儿园厨房发生火灾。火苗烧毁液化

① http://baby.ce.cn/qt/201108/23/t20110823_22641434.shtml.

② 路鹏程.给孩子最好的安全教育［M］.青岛：青岛出版社，2012.

③ http://blog.ifeng.com/article/34624789.html.

④ http://baby.163.com/14/0107/15/9I0E4VD400362USS.html.

气罐输气导管，导致液化气罐发生气体泄漏，情况危急。5日11时52分，沧州市“119”消防指挥中心接到报警，新华区清池南大道一幼儿园厨房发生火灾，现场有一液化气罐发生泄漏燃烧。11时57分，沧州市消防二中队派人到达事故现场，发现火势正处于发展阶段，液化气正在泄漏，随时有可能爆炸。中队指挥员迅速命令出一支水枪，对罐体周围气体进行稀释，同时派出2名消防战士将液化气罐阀门关闭并迅速拖出现场，排除了幼儿园师生的安全隐患。据了解，事故是由于幼儿园厨房内的塑料板起火，引燃液化气罐的输气管道引起的。[①]

四、知识链接[②]

很多父母还没到加拿大就接到类似这样的信息：把一个不到12岁的孩子单独留在家中是违法的；不到12岁的孩子必须拿到照顾儿童的证书才可以单独照顾更小的兄弟姐妹；如果被发现把7岁的孩子单独留在车上，你可能遭到起诉。第一感觉，有人认为这也太有点大惊小怪了。毕竟我们长大的过程中，自己挂着钥匙上学放学，一个人在家里做作业，暑假被反锁在家里睡大觉的事情太常见了。可进而联想到之前看过有关西方国家儿童保护方面的文章，也就见怪不怪了，认定这就是人家法律健全而周到的表现。甚至有人在传播这些信息时，以这样的开头：加拿大法律规定……

法律到底怎么说?

然而，事实上这些说法并不见得正确。“在孩子到底多大才能够单独留在家中这个问题上，法律条款有意识上的模糊，因为有很多其他的变量需要考虑在内。”多伦多儿童援助协会接纳服务处的助理负责人Dave Fleming这样说道。有关儿童保护的法律在各省都有不同，但卑诗省也是一样，法律没有规定儿童可以单独留在家中的特定年龄。

安大略省儿童保护法的名称为《The Childand Family Services Act》，与此话题相关的内容是，让16岁或以下的孩子独处时，监护人必须提供当时情况下适当的监管和看护。简单地说，作为父母的我们，在孩子16岁前，

① http://news.xinmin.cn/rollnews/2009/12/07/3038550.html.
② http://news.xinhuanet.com/baby/2013-03/20/c_124478372.htm.

都应该对他们的健康和安全负责任。根据法律，我们有义务提供足够的监护。而所谓的适当，所谓的监护，该法律条款中都没有给出进一步的解释。

所以，谁来决定是不是适当？谁来决定有没有监护呢？

是我们为人父母者

当然，我们最好做出正确的判断。如果孩子在你离开时出了任何问题，你就可能遭到刑事起诉。还记得5年前加拿大日裔女子滕井玲被判两项误杀罪成立而被判八年刑期的新闻吗？2001年5月，发生惨剧前，她已和孩子们的父亲分手。当时，她的学生居留证已经过期，又刚认识了一个住在附近的男子。她留下分别才1岁和3个月大的两个孩子去找那个男子，以为只是去一个晚上。但第二天没有赶上巴士就又留下，一天变成了两天，这样就过了一个多星期，她说一直相信孩子们不会出事的。可当她终于回家的时候，发现孩子们已经死去。她其后弃置孩子的尸体不谈，单只是如上把孩子扔在家中的行为就如她自己告诉假释委员会那样，幼稚无知以及自私。

这当然是个极端的例子，现实中这样的例子并不常见。一般社会工作者判断家长是否忽视儿童的时候，会寻找诸如家庭环境是否脏乱差，孩子是否被安排做不适合年龄的工作，比如不到10岁就要烧饭做菜等。

显然，避免孩子出问题的最好方式就是让10～12岁以下的孩子在曼尼托巴省长大。曼尼托巴是全加拿大唯一一个规定12岁以下的孩子必须时刻在直接的监护之下。然而，要做到这些恐怕并不容易。一项美国的研究表明，有14%的5～12岁儿童平均每天独自待在家里的时间超过1小时。有报道称在加拿大情况也很类似，这就意味着有将近500万名加拿大儿童一天中的部分时间是独处的。

孩子决定一切

所以，孩子可以独处的年龄不是取决于法律如何规定，而是取决于孩子的独立性和适应能力。当然，你不可能要求两岁孩子做12岁孩子该做的事，但年龄介于两者之间的处理方式，就要看孩子本身了。比如，同样是11岁的孩子，有的孩子极其享受独处的时光，有的孩子则闻独处色变。父母了解孩子，应该可以预期孩子的反应。

同样的方式，家长们也可以知道孩子能够独处多久。一个8岁的孩子可能觉得你去楼下信箱取信的10分钟对他来说完全没问题，但如果你让他自己在家待1小时，他就会大哭给你看了。一般而言，8~9岁的孩子，如果心理较为成熟，则家长可以试着白天的时候让他在家中独处几分钟；而10~11岁的孩子，则可以尝试放学后自己回家，等1小时左右直到家长下班；大多数12岁或以上的孩子可以晚上单独留在家中几小时没有问题。但这只是一个大概的方向，家长们还是需要根据孩子的个别情况做出决定。

儿童教育专家建议，在你决定这样做之前，先跟孩子沟通。如果孩子告诉你说，他或她不喜欢这样，相信他们，多给他们一些时间。当然，也有孩子迫切地渴望独立，他们可能会因为你想这样做而兴高采烈。别着急，你还是需要以渐进的方式让孩子慢慢适应独自在家的状况。首先你可以试着出门几分钟，然后10几分钟，然后20几分钟，每次回家都记得与孩子沟通，谈谈他独自在家的感受。如此几番下来，你对孩子的适应能力就有了大概的了解；孩子也在这个过程中慢慢培养了自信和技能。这些技能中，最为重要的就是孩子需要知道如何在紧急情况发生时联系到家长。

由于爸爸妈妈上班忙，奶奶就从中国来加拿大帮忙带5岁的彤彤。一次，奶奶到公寓楼下签收包裹的时候，因为怕抱孩子麻烦就把彤彤一个人留在家里。就这当儿，彤彤哭着打电话给妈妈，声称自己吃了充气玩具上的塑料膜。这里不是讨论奶奶把孩子自己留在家中对不对，而吞食塑料膜的事情后来也证实是虚惊一场，但孩子能够知道在紧急情况下给妈妈打电话就是一件值得赞许的事情。

孩子独处的过程中还有很多需要学习的地方。所以在决定让孩子单独在家的同时，家长需要制订一份详细的安全计划，教导孩子一一学会，并且贯彻执行。

制订安全计划

无论孩子多么懂事，都需要家长的监护。加拿大安全委员会（Canada Safety Council）主席Emile Therien提醒父母，适当的监管还是非常必要的。这不是要求父母一定在孩子身边，遥控也是一种方式。无论你的孩子6岁还是16岁，独自在家的时候，都需要一个负责的成年人的监管。她说，重要的是，要给孩子一种被监管的感觉。要实现这种感觉并不难，比如定期的电话检查，或者麻烦要好的邻居帮忙。

加拿大安全委员会还专门出版了一个小册子，名为《At Homeon MyOwn》，介绍孩子独自在家时如何防止问题发生，如何处理各种状况，等等。如果想要获得这本小册子，可以将一个写有你地址的9“x12”的信封（附96cents的邮资）寄往Canada Safety Council，1020ThomasSprattPlace，Ottawa，ONK2K5L5。

举例而言，如果家里着火的话，孩子应该知道如何拨打“119”；接电话时应该说爸爸妈妈不方便接电话而不是爸妈不在家；父母不在家时不可以玩儿炉火这样的危险用品；等等。

如果你以为给他们讲一次他们就能够记住，那你真是异想天开了。一位妈妈无可奈何地讲了这样一件事：他们夫妻有两个孩子，一个9岁，一个11岁，他们无数次告诉孩子如果家里着火，第一件事就是逃到室外。可就在他们实行演习的时候，两个孩子还是冲进了地下室。他们坚持说要先把楼下的金鱼救出来……

这可以理解成是孩子纯真的一种表现。但有些不听话的孩子，就需要格外地三思而后行了。如果你在家的时候，他都做不到写完作业再看电视的话，你就要好好想想你不在家的时候他会做些什么了；如果你在家的时候，孩子们之间就你一言我一语争吵不停，那么基本你也可以预想，你回家的时候看到孩子们鼻青脸肿的景象。

第一次把孩子单独留在家中，家长需要清楚地向孩子解释你要去哪里，你会在那里待多久，以及你的联系方式。离开后，要记得不时打电话回家询问一下状况。幸运的话，你和孩子都能够享受一些独处的时光。

第二课　游戏玩乐莫大意

一、教学内容

（一）游乐园安全隐患多　提醒家长记牢六大儿童安全守则①

（1）当宝宝在攀登架、滑梯、跷跷板、秋千和其他活动设施上玩耍的时候，不能推别人，也不能打闹。

（2）按照正常的操作程序活动，比如，滑滑梯的时候，脚朝下滑，不要从外面的栏杆翻到滑梯上，不要站在秋千上荡秋千，等等。

（3）如果宝宝从某个游乐设备上跳下来，一定要让宝宝看清楚下面没有其他宝宝或物品挡在路中间。当宝宝跳的时候，告诉他（她）要双脚着地，双膝要轻微弯曲。

（4）让宝宝将自行车、背包等物品从设备周围挪开，避免宝宝玩耍的时候被这些物品绊倒。

（5）游乐场的设备如果是湿的，就告诉宝宝不要玩耍，因为潮湿的表面会使这些器械非常滑。

（6）宝宝在活动场地玩耍的时候，不要穿带细绳特别是腰部带系绳的衣服。细绳、背包带、项链都可能无意中挂在器械上，导致危险。

（二）各种器械的安全细则

因为秋千、滑梯和攀登架各自都构造独特，所以它们都有各自的一套安全使用规则。同时，在游乐活动场地中，还有一些设备本身就是不安全的，不论爸妈和宝宝如何小心，都容易出现安全事故。下面我们一一详述：

① http：//life. ce. cn/family/qz/201208/21/26072030. shtml.

1. 秋千安全

秋千应该是由比较柔软的材料制成，比如橡胶或者塑料，而非木头和金属。秋千是宝宝们在游乐场地器械活动中，最容易受伤的一种器械。一些简单的防范措施就能够让你的宝宝在春日的微风中享受荡秋千的快乐。

宝宝应当坐在秋千中荡，而不是站着或者跪着。荡的时候，让宝宝两手紧紧握住秋千的绳，荡完后，要等秋千完全停止后再下来。旁边的宝宝们应当和秋千上的宝宝保持一段安全的距离，小心不要在正在荡着的秋千周围跑动或走动。一架秋千上只能坐一个宝宝，秋千通常的设计考虑就是一个宝宝使用的。

2. 跷跷板安全

由于跷跷板的使用要求两个宝宝之间的合作，因此这种器械通常对于5岁以下的幼儿来说是不适合的。除非有的跷跷板下面带有弹簧设计，可以避免跷跷板的突然触地。尽管如此，在玩跷跷板的时候仍需要格外的小心。下列安全要点，可以让宝宝牢记在心：

跷跷板一头只坐一个宝宝。如果宝宝和自己的伙伴相比显得太轻了，就需要更换伙伴，而不要在轻的一头增加一个宝宝。

宝宝们应当面对面坐在跷跷板上，不要反转过来，背对背地坐着。

让宝宝用两手紧紧握住把手，不要试图触摸地面或者两手放空。两脚自然放在两侧，而不要蜷缩在跷跷板的下方。

当跷跷板有人在使用时，其他宝宝要保持距离。绝不要将自己的肢体伸到翘起的板下面，或者站在跷跷板的横梁中间，甚至试图爬到正在上下活动的跷跷板上。

3. 滑梯安全

如果宝宝们小心地使用这种器械，滑梯应当是相当安全的。这里有一些相关的安全要点：

宝宝们在玩滑梯的时候，应该一步一步上台阶，同时手扶栏杆，这样爬到滑梯顶部。不应该从滑梯底部倒爬上去。

告诉宝宝应该总是脚朝下滑，并且上半身保持竖直，绝对不要让宝宝头朝下滑，或者肚子朝下横着滑下来。

在滑梯的下滑段，一次应当只有一个宝宝，不要让宝宝一群一群地往下滑，以免挤伤。

让宝宝在滑下来之前，先看清滑梯底部是否是空的，有没有其他宝宝在那里坐着，当宝宝已从滑梯上滑下后，就应当立即起身，离开滑梯，为后面的宝宝腾出空位。

4. 攀登架安全

儿童游乐场上的攀登架有各种形状和尺寸——包括攀岩、弓形攀登架、垂直和水平爬杆等。这些设备比起其他设备对宝宝的挑战性更大，因此，首先要让宝宝明白怎样从这些攀登架上安全下来，否则他很难完成整个攀登过程。攀登架也是公共游乐场伤害事故的高发区，因此玩的时候，一定要注意正确的程序。

对于年幼的宝宝，由于其胳膊肌肉力量还比较弱小，因此刚开始，需要成人一定的辅助，过高的攀登架则不宜攀爬。

要安全地玩攀登架，宝宝首先要学会用双手握住攀登架上的横杆，并能按顺序，等待前面的宝宝先向前移动，自己再随之向前移动，同时要小心前面宝宝移动时可能荡回来的双腿。当宝宝从攀登架上跳跃下来的时候，要留意不要碰到脚下的其他横杆。提醒宝宝跳下来的时候，双膝要弯曲，双脚着地。

太多的宝宝在同一时间攀爬同一座攀登架也是危险的。每个宝宝都应该从攀登架的同一侧开始，按同一个方向向前移动。

当宝宝们从攀登架上往下来的时候，要注意避开那些正往上爬的宝宝，不要互相竞争，或者试图伸手去够前面距离较远的横杆。

5 岁以下的宝宝上肢力量还比较弱小，应当只攀爬那些相对矮小的攀登架。5 ~7 岁的宝宝仅适合攀爬 1.6 米高度以下的攀登架，7 岁以上的宝宝只能攀登 2.3 米高度以下的攀登架。

以下类型的设备属于不安全的游乐器械，宝宝不适宜玩耍：

动物造型的秋千；

可以同时坐两个人的滑翔秋千；

过度磨损、断开、能结成环套的秋千绳；

体操吊环和吊杆；

蹦床。

玩耍是宝宝心理、社会、智力、情感发展的重要组成部分。如果爸妈们把这些安全要点牢记在心，那么宝宝们玩耍的安全就有了可靠的保障。

二、教学设计

【例1】

儿童对玩滑梯的认识

（一）活动目标

（1）知道滑滑梯的益处。

（2）知道玩儿滑梯时意外受伤的应急处理办法。

（二）活动课时

1课时

（三）活动过程

1. 课程导入

滑梯是儿童接触最多的游乐设备之一，那么玩儿滑梯有什么好处？能培养孩子的哪些能力？玩儿滑梯时孩子着装有哪些禁忌？以及玩儿滑梯时意外受伤的应急处理办法。

2. 讲授新知识①

（1）对滑梯的认识。滑梯属于综合型运动器械，只有通过攀爬才能进行滑梯活动。孩子玩儿滑梯需要坚定的意志和信心，可以培养他们的勇敢精神。当孩子“嗖”地滑下来时，能享受到成功的喜悦。滑梯为儿童体育活动器械的一种，常见于幼儿园或儿童游乐场中，一般适宜于3～6岁的儿童，另外也有特殊用途的滑梯，如用做救生的滑梯等。滑梯是在高架子的一面装上梯子，另一面装上斜形的滑板（一般有平直和弯曲的两种），儿童从梯子上去，从斜板滑下来。

（2）进行滑梯活动的好处。通过攀爬才能进行滑梯活动。儿童玩儿滑梯需要坚定的意志和信心，可以培养儿童的勇敢精神。在游戏中能享受到成功的喜悦。

---

① http：//www.26y.com.cn/news/youleyuan/110.html.

在众多的户外拓展活动中，很少有适合孩子们玩乐的运动事项。而滑梯属于综合型运动器械，只有通过攀爬才能进行滑梯活动。滑梯是游乐场上不可或缺的一项设施。滑梯给孩子的童年增添了不少乐趣，玩儿滑梯的过程给孩子的生长发育带来了益处。但是各年龄阶段的孩子怎样安全玩儿滑梯，父母们都知道吗？

(3) 玩儿滑梯的好处。

①促进宝宝的触觉发育，让宝宝在玩儿各式各样的滑梯过程中，体会触觉的不同，促进触觉发育。

②滑梯是宝宝对“速度”的最初感受。不同长度、斜度的滑梯给宝宝带来的速度体验是不同的，大多数宝宝对速度的最初感受都来自玩儿滑梯的过程。

③锻炼协调能力，增强身体控制力。从玩儿滑梯的过程中，宝宝需要掌握自身平衡和转速，得到了身体协调能力的锻炼。

④促进大运动发展。经常玩儿滑梯的宝宝平衡能力会很好，好的平衡力是运动能力的基础。

(4) 玩儿滑梯时孩子的安全着装。

①衣服不要太薄也不能太厚。因为很多滑梯表面不是很光滑，衣服太薄会擦伤宝宝。太厚的衣服会影响行动方便，在攀爬过程中也不安全。

②衣服不要带有绳子或者硬物、胸针等。有绳子的衣服可能会在玩耍途中勾到栏杆而造成宝宝窒息。如果穿了有硬物类似大扣子这样的衣服，在滑梯途中会被硌伤。至于胸针、别针等这些东西，更不能让宝宝戴在身上或是拽在手上去玩儿滑梯。

(5) 玩儿滑梯受伤的应急处理办法。

①高处跌落：首先检查受伤的部位并观察宝宝甚至是否清醒。观察有无呕吐、昏迷等症状。头部是否有外伤或局部隆起，躯干和四肢还有各关节是否还能活动自如等。如果只是局部瘀青，可选用冷敷消肿。

②皮肤擦伤：如伤口出血，要先对伤口进行清洗，再进行消毒。如果有瘀青，可用冰袋冷敷。另外：注意皮肤烫伤，夏天裸露在外的塑料滑梯其实温度高得惊人，宝宝在滑下来时又会摩擦生热，难免烫伤小屁股。高温天气，父母在宝宝上滑梯前要用手试探一下滑梯的温度。

【简要评析】

以上教学设计内容充实，能够使幼儿全面地了解游乐中滑滑梯的常识，同时，也能通过滑滑梯让幼儿们了解其中的益处与乐趣。本次课的讲解，幼儿不仅学会了理论性知识，还学会了应急处理的办法，把所学的知识真正地运用于实践当中。该教学设计具有实用性、全面性等特点。教学内容丰富的同时，并未有违条例，教学目标明确。

【例2】

安全游戏游乐场

（一）活动目标

（1）了解游乐场孩子禁止行为。

（2）知道具体游戏注意事项。

（二）活动课时

1课时

（三）活动过程

1. 故事导入①

教师讲述一个在游乐场发生事故的案例。

案例：2008年9月16日，南京市第一医院来了3个同时被电火花击伤的三四岁的孩子。这3个孩子在儿童游乐园玩耍的时候趁父母不在，拿着电水壶的插头就去捅一大型游乐设备的插座。结果"噼里啪啦"一阵响，一股电火花窜出来，瞬间就将3个孩子的手电伤了。其中一个3岁小女孩的左手几根手指间的皮都破了，已经能看到鲜红的肉，家人赶紧将他们送到南京市第一医院。医生说，由于设备用的不是高压电，这3个孩子的伤还算较轻，靠上药、换药就能够恢复了；如果是高压电，3个孩子就可能没命了。

幼儿谈谈听后的感受。

2. 教授新内容

（1）游乐场孩子禁止行为。

---

① 于帆，侯志伟. 儿童自我保护能力训练全书［M］. 合肥：安徽科学技术出版社，2011.

①家长要告诉孩子，为了安全起见，在游乐场活动时，不要一边玩儿闹、说笑，一边吃东西，边吃边玩儿很容易发生气管异常，发生危险；也不要把手、脑袋等伸出安全范围，以免发生意外。

②玩儿攀爬项目时，不要攀爬过高，以免松手坠下，发生意外事故。因为儿童的手部肌肉未发育完全，不能像成人一样有力、持久地握持某一物体，尤其是年龄较小的孩子更要格外注意这一点。

③跳跃活动的时间不要太长。长时间跳跃或从高处猛跳下会导致儿童的肌肉损伤或韧带拉伤，对骨骼的发育也不利。因为儿童腿部肌肉和韧带同样稚嫩，不能单独戏水，一定要事先备齐游泳圈等救生装备，并有成人在旁监护，以防溺水。

（2）具体游戏注意事项①。

①玩儿深水游乐项目如汽艇、水中摩托车、碰碰船等时，不要戏水，这样容易落水造成伤害。

②玩儿跷跷板时父母要告诉孩子注意对方的动作。因为这个游戏需要两个孩子配合才能玩儿得起来，所以不能随便上或下；否则一方下来了，另一方没有准备，很可能被狠狠地摔一下。

③玩儿荡秋千时双手要始终抓牢秋千的绳索，不玩儿的时候，要等秋千完全停住了再下来。另外，经过秋千旁边时，一定要绕着走，不然会被荡起来的秋千撞到。

④玩儿碰碰车时，除了系紧安全带之外，不要做太剧烈的碰撞，尤其是正面碰撞。

⑤跳蹦蹦床，一旦落地不稳，会摔在蹦蹦床上，如果人多的话，会发生被别的小朋友踩到的危险，严重的还会造成扭伤、骨折，所以，要选择人少的时候玩儿这项游戏，如果人太多，就要等一会儿再玩儿。

⑥乘坐儿童飞船时千万不能中途站起来，更不能解开安全带。

⑦玩儿滑道时，不能中途松手跳下，等滑到最下边，滑不动了再松手跳下来。不要原路返回，否则准会被滑下来的小朋友撞得人仰马翻。不要因为害怕或心急，滑到一半就松手，这样容易发生危险。

① 于帆，侯志伟. 儿童自我保护能力训练全书［M］. 合肥：安徽科学技术出版社，2011.

⑧儿童最好不要玩儿刺激而高速运转的游乐场项目，如海盗船、过山车等。因为一旦恐惧，或不会很恰当地保护自己，容易发生意外，如高空坠落、摔伤或者轧伤等。

(3) 教师总结。通过学习我相信游乐时安全的种子已经在你们的心里牢牢生根了，老师由衷地希望你们安全警钟时时敲，安全意识刻刻牢；平平安安每一天，健康快乐伴一生。

【简要评析】

通过本节课的教学，向幼儿们全面地展示了游乐场需要注意的安全常识。该节课教学过程设计完整有序，既体现知识结构、知识点，又注意突出幼儿活动设计，体现培养幼儿良好的学习品质。课堂结构完整，密度恰当。但不重视教学手段更新、传统守旧和教与学实际脱节。

三、教学素材

相关案例

李先生带女儿去公园的游乐场玩儿旋转滑梯，女儿一次次地爬上滑下，玩儿得特别开心。可是，在一次下滑的过程中，女儿两腿分开得太大，鞋上的小花挂在了滑梯边上，一条腿滑下的势头被挡住了，而身体却还在往下滑，于是身体翻了个个儿，大头朝下滚下去了。王先生看在眼里却因为距离太远跑不过去，等他冲到女儿身边时，女儿已经满嘴是血地大哭起来了。幸好只是咬破了嘴皮，牙齿没伤着，但孩子那几天吃饭喝水都受影响。[①]

2012 年六一儿童节当天下午，5 岁的黄某在父亲带领下到某商场游乐场玩耍。按照游乐场的要求，黄某脱下鞋子后到充气蹦床上玩耍，黄某的父亲则在场外等候。玩耍没多久，黄某就从充气蹦床上滑下来摔到了地上，然后哭着跑到父亲身旁说手臂很疼，其父亲和游乐场工作人员立即将黄某送往医院治疗。其间黄某住院 44 天，医疗费由游乐场支付，后经鉴定，黄某所受损伤构成十级伤残。黄某父亲认为因游乐场内地面垫的垫子

① 于帆，侯志伟. 儿童自我保护能力训练全书［M］. 合肥：安徽科学技术出版社，2011.

较薄，导致孩子在玩耍过程中从充气蹦床上摔到坚硬的地上而致右肱骨踝上骨折，且游乐场在全开放时只有一个工作人员负责收银，没有安排其他工作人员负责监护小朋友，完全没有尽到安全保障义务。因此，黄某将游乐场及所在商场告上法院，要求赔偿后期治疗费、精神损害赔偿金、伤残赔偿金等共计50 728元。①

2012年5月1日，原告母亲带年仅3周岁的女儿到某碰碰车场地购票进场后，工作人员引导其进入一辆碰碰车内，并为其系好车内安全带。在游戏过程中，过程激烈导致原告发生碰撞，其门牙当场脱落两颗，还有一颗牙发生严重位移，血流不止，随后被紧急送往医院就诊。原告母亲向法院起诉，要求该公司承担所有责任。该公司负责人辩称营业场内的设施设备均已进行年检并安检合格，在发生事故后，马上派人驾车将女童送往医院就诊，且已及时支付了必要的治疗费。②

某市一娱乐公司与市体育场的后勤服务公司联合，利用体育场的大门口空地设置大型充气玩具，开展经营性的娱乐活动。为吸引游客，请电视台为他们做宣传广告。因为拍摄中需要一些幼儿配合，娱乐公司老板与体育场后勤服务公司的人员就一同来到某幼儿园，请该园承担此项任务。园长明确提出，必须在保证幼儿安全的情况下才可帮忙。对方承诺安全由他们负责。到游乐场，每件大型玩具由一位工作人员维护安全。园长仔细看过后，提出了几件玩具只有一人看护是不够的，但娱乐公司的老板说没有问题。园长只得让随同前来的几位教师也参加孩子的保护工作。在拍摄从高处的充气房间跳向下面的一匹充气马时，一位女孩跳到马背上弹下来，正砸在周围一名男孩身上。男孩的胳膊疼得抬不起来。诊断结果是，男孩骨折。游乐场承担了医药费和车费。后来，当家长提出游乐场应承担后遗症的责任时，游乐场要求幼儿园也承担一定的费用，幼儿园拒绝了。③

---

① http://www.xlt.gov.cn/zmhdxsmain.php? id=23160.

② http://news.sina.com.cn/c/2013-05-31/081927274299.shtml.

③ http://www.youjiaotv.com/2010/0214/3540_3.html.

2012年11月5日，5周岁的孙某璐小朋友，在东莞市樟木头星海幼儿园的滑梯上玩耍时，穿的是带连领帽子的上衣，帽子边沿一条绳带卡在了滑梯上，并勒住了其脖子，造成窒息。经医院抢救，孙某璐仍于6日凌晨2时许证实不治。①

四、知识链接

游乐园管理规定②

第一章　总　则

第一条　为了加强游乐园管理，保障游乐园安全运营，制定本规定。

第二条　游乐园的规划、建设、运营和管理适用本规定。

第三条　本规定所称游乐园包括：

（一）在独立地段专以游艺机、游乐设施开展游乐活动的经营性场所；

（二）在公园内设有游艺机、游乐设施的场所。

本规定所称的游艺机和游乐设施是指采用沿轨道运动、回转运动、吊挂回转、场地上（水上）运动、室内定置式运动等方式，承载游人游乐的机械设施组合。

第四条　国务院建设行政主管部门负责全国游乐园的规划、建设和管理工作；国务院质量技术监督行政部门负责全国游艺机和游乐设施的质量监督和安全监察工作。

县级以上地方人民政府园林、质量技术监督行政部门负责本行政区域内相应的工作。

第二章　规划与建设

第五条　游乐园的规划、建设应当符合城市规划，统筹安排。

第六条　游乐园筹建单位对游乐园的建设地点、资金、游艺机和游乐设施、管理技术条件、人员配备等方面，进行综合分析论证，经所在地城市人民政府园林行政主管部门审查同意后，方可办理规划、建设等审批手续。

---

① http：//henan. sina. com. cn/city/gdyw/2013－09－22/175－31579. html.

② http：//baike. haosou. com/doc/6834026－7051240. html.

第七条 游乐园的规划、设计、施工应当执行国家有关标准和规范。

第八条 以室外游艺机、游乐设施为主的游乐园，绿地（水面）面积应当达到全园总面积的60%以上。游乐园经营单位应当加强园内绿地的美化和管理，搞好绿地和园林植物的养护。

第九条 在游乐园内设置商业服务网点，应当经城市人民政府园林行政主管部门批准。任何单位和个人不得擅自在游乐园内设置商业服务网点。

第十条 改变游乐园规划设计的，应当报原审批机关批准。

第三章 登 记

第十一条 城市人民政府园林行政主管部门负责本行政区域内游乐园的登记工作；地、市级以上质量技术监督行政部门负责本行政区域内游艺机和游乐设施的登记工作。

第十二条 游艺机、游乐设施投入使用前应当向地、市级以上质量技术监督行政部门登记，登记时应当提供以下材料：

（一）产品生产许可证复印件；

（二）监督检验机构出具的验收检验报告和《安全检验合格》标志；

（三）操作、维修、保养人员证书；

（四）游艺机、游乐设施使用和运营安全管理制度。

第十三条 游乐园筹建单位应当在质量技术监督行政部门对其游艺机、游乐设施登记后，到城市人民政府园林行政主管部门进行游乐园登记。本规定发布前已建游乐园应当在本规定发布一年内到所在地城市人民政府园林行政主管部门登记。

第十四条 游乐园登记的内容应当包括游乐园基本情况和游乐园内游乐项目基本情况。

第十五条 到城市人民政府园林行政主管部门申请游乐园登记或者申请游乐项目增补登记，应当提供以下材料：

（一）质量技术监督行政部门核准的《特种设备注册登记表》；

（二）游艺机和游乐设施操作人员配备情况；

（三）游乐园管理制度。

第十六条 增加游艺机、游乐设施，游乐园经营单位应当经地、市级以上质量技术监督行政部门登记后，到城市人民政府园林行政主管部门增补登记，方可运营。

第四章　安全管理

第十七条　游乐园经营单位应当加强管理，健全安全责任制度等各项规章制度，配备相应的操作、维修、管理人员，保证安全运营。

第十八条　游乐园经营单位应当设置游乐引导标志，保持游览路线和出入口的畅通，及时做好游览疏导工作。

第十九条　游乐园经营单位应当建立游艺机和游乐设施的技术档案和运行状况档案。

第二十条　游艺机和游乐设施应当符合《游艺机和游乐设施安全标准》和质量技术监督行政部门有关特种设备质量监督与安全监察规定。

第二十一条　游乐园经营单位应当建立紧急救护制度。

发生人身伤亡事故，游乐园经营单位应当立即停止设施运行，积极抢救，保护现场，并立即按照有关规定报告所在地城市人民政府园林、质量技术监督、公安等有关部门。

第二十二条　游乐园经营单位对各种游艺机、游乐设施要分别制定操作规程，运行管理人员守则。操作、管理、维修人员应当经过培训，操作维修人员应当按照国家质量技术监督局的有关规定，进行考核，持证上岗。

第二十三条　游乐园经营单位应当在每项游艺机和游乐设施的入口处向游人做出安全保护说明和警示，每次运行前应当对乘坐游人的安全防护加以检查确认，设施运行时应当注意游客动态，及时制止游客的不安全行为。

第二十四条　游乐园经营单位应当对游艺机和游乐设施，按照特种设备质量监督和安全监察的有关规定，进行安全运行检查。

第二十五条　游乐园经营单位应当按照特种设备质量监督和安全监察的有关规定，申报游艺机和游乐设施检验计划。

游艺机和游乐设施的定期检验由国家质量技术监督局认可的检验机构进行。

第二十六条　严禁使用检修或者检验不合格及超过使用期限的游艺机

和游乐设施。

第五章 法律责任

第二十七条 城市人民政府园林行政主管部门对未按照规定进行游乐园登记或者增补登记的游乐园经营单位，应当给予警告，责令其在30日内补办登记手续，逾期不办的，处以5 000元以下的罚款。

第二十八条 违反本规定有下列行为之一的，由城市人民政府园林行政主管部门给予警告、责令改正，并可处以5 000元以上3万元以下的罚款：

（一）擅自侵占游乐园绿地的；

（二）未对游客进行安全保护说明或者警示的；

（三）未建立安全管理制度和紧急救护措施的。

第二十九条 游艺机和游乐设施安装、使用、检验、维修保养和改造违反有关质量监督与安全监察规定的，由质量技术监督行政部门按照有关规定处罚。

第三十条 由于游乐园经营单位的责任造成安全事故的，游乐园经营单位应当承担赔偿责任；构成犯罪的，依法追究刑事责任。

第三十一条 园林行政主管部门、质量技术监督行政部门以及游艺机、游乐设施检验机构或者游乐园的工作人员玩忽职守、滥用职权、徇私舞弊、弄虚作假的，由其所在单位或者上级主管部门给予行政处分；构成犯罪的，依法追究刑事责任。

第六章 附 则

第三十二条 国务院建设行政主管部门和国务院质量技术监督行政部门按照各自职责对本规定负责解释。

第三十三条 本规定自2001年4月1日起施行。

第三课 “电老虎”安静不可欺

一、教学内容

通过本课内容的学习使幼儿了解如何科学地用电、防止触电以及发生事故后如何正确实施解救办法。

（一）用电安全注意事项

（1）教育幼儿不要玩弄电线、灯头、开关、电动机等电气设备，不要到电动机和变压器附近玩要，不要爬电线杆或摇晃电杆拉线，不要在电线附近放风筝，万一风筝落在电线上，要由电工来处理，不要自己猛拉硬扯，以免电线相碰引起停电和触电事故。

（2）发现落地的电线，须离开 10 米以外，更不要用手去拾。同时，要设法看护落地电线，并请电工来处理，以防他人走近而发生触电。

（3）在雷雨时，不可走近高压电线杆、铁塔、避雷针的接地线和接地体周围，以免因跨步电压而造成触电。

（4）不用湿手触摸电器，不能用湿布擦拭电器。

（二）学会看安全用电标志

标志分为颜色标志和图形标志。颜色标志常用来区分各种不同性质、不同用途的导线，或用来表示某处安全程度。图形标志一般用来告诫人们不要去接近有危险的场所。为保证安全用电，必须严格按有关标准使用颜色标志和图形标志。我国安全色标采用的标准，基本上与国际标准草案（ISD）相同。一般采用的安全色有以下几种：

（1）红色：用来标志禁止、停止和消防，如信号灯、信号旗、机器上的紧急停机按钮等都是用红色来表示“禁止”的信息。

（2）黄色：用来标注注意危险。如“当心触电”“注意安全”等。

（3）绿色：用来标志安全无事。如“在此工作”“已接地”等。

（4）用来标志强制执行，如“必须戴安全帽”等。

（5）黑色：用来标志图像、文字符号和警告标志的几何图形。[①]

（三）儿童安全用电口诀[②]

看电视、玩电脑，开发智力方法好，插座插头没接通，
千万不要自己动，求助大人来帮忙，安全第一要记牢。
手湿不要摸电器，带电设备不能动，电源插座要远离，
玩耍远离变压器，遇人触电急呼救，安全用电要牢记。

二、教学设计

【例 1】

了解电力知识

（一）活动目标

（1）让儿童明白电的来源，了解电力常识。

（2）贯彻儿童正确用电常识。

（二）活动课时

1 课时

（三）活动方法

自主参与实践、合作探究式。

（四）活动过程

1. 导入新课

（1）教师讲述电的来源以引起幼儿兴趣。目的是了解电的基本作用，掌握电的现象。

（2）电从何来？——幼儿小组讨论，教师指名回答，其他幼儿认真听并予以纠正。（教师总结：电从水电站、火电站、核电站产生；新能源下，

---

① http：//wenku. baidu. com/link？ url = LhFjRl9S8VQoB_ zQaO9P - QE_ LpAH4H4BEhAfT0jEQraCx4Z6UJW3_3M4An_f0lca28kTWeM79PY7jacGqKzl2JYwDMZmN9keAowxiPdd02C.

② http：//www. yztpdq. com/px/articleinfo/detail_5_10_3574. aspx.

还可以风力发电或太阳能发电）

（3）观看各个发电站的精美图片。

2. 讲授电力安全知识

（1）教师提问：我们身边有哪些家用电器？学校常见的和电有关的设备有哪些？儿童相互讨论，教师指名回答。

（2）讲解不同情况下的用电安全

①不玩儿插座、电线、灯头、开关等电器。

②知晓电力安全标志含义。

③严禁攀登变压器台架。

④严禁攀登、跨越电力设施的保护围墙或遮拦。

⑤严禁往电力线、变压器上扔东西。

⑥不得在架空电力线路导线两侧各300米的区域内放风筝。

⑦不得在电力线路附近打鸟玩耍。

⑧发现落地的电线，应离开落地点10米以上，绝对不要去捡拾，并请电工来处理，同时设法看护落地电线，以防他人走近而发生触电。

⑨不要摇晃电力拉线。

⑩不得拽电线拔插头，否则容易造成插头、电线绝缘损坏，引起触电事故。

3. 课堂总结

通过对电力知识的简单学习，幼儿们是否掌握电力安全知识，对一些突发情况能否及时处理呢？对我们的安全用电有所了解吗？请孩子们在用电时一定注意自己的安全。请注意触电！请注意安全！请珍惜生命！①

【简要评析】

上面的教学实例是教师在课堂对幼儿用电的规则进行有效教育教学的过程，在轻松的教育教学过程中让幼儿们熟悉和掌握了必要的用电规则，起到了安全教育的目的，让幼儿对于安全用电有了深刻的认识。教学重难点突出、层次分明，把握准确，符合大纲和教材要求及幼儿实际，体现课

① http：//wenku. baidu. com/link？ url = kqMoqUpXI0XNxfK4rUoHJ _ sobenV2tVwlRrbf - Jd - 7hhl3xpIgvRVSahkKKFxA.

程知识体系结构和内在的逻辑关系，教材分析透彻，有一定的深度和广度。

【例2】

指导孩子安全用电

(一) 活动目标

(1) 掌握家庭安全用电常识以及在家如何正确使用电的方法。

(2) 对儿童进行用电安全等教育，提高儿童的安全意识。

(二) 活动课时

1课时

(三) 活动过程

1. 用电安全

(1) 幼儿说说家里有哪些电器。

(2) 用电过程中需要注意哪些安全?

(3) 不当地使用电会导致什么后果?

教师根据幼儿的回答及时教育，现代家庭，随着生活水平不断提高，家庭中的电器也越来越多，给人们学习、生活带来了很多方便及乐趣。但是，如果我们没有掌握一定的用电知识，不注意用电安全，就会很危险。所以，我们不要出于好奇，自行拆卸、维修电器，不要私自拉或乱接电线和随意拆装电器。使用和操作电器要注意不能沾水，一旦电器出现故障，应立即截断电源。

防范措施:①

随着家用电器的普及应用，正确掌握安全用电知识，确保用电安全至关重要，用电中的安全问题主要有两个方面。一是人身安全；二是财产安全，为了杜绝事故的发生，用电时要注意:

(1) 不要购买“三无”的假冒伪劣用电器。

(2) 使用家电时应有完整可靠的电源线插头，对金属外壳的家用电器都要采用接地保护。

---

① http://www.gkstk.com/article/1418375188280.html.

(3) 不能在地线上装设开关和保险丝，禁止将接地线接到自来水、煤气管道上。

(4) 不要用湿手接触带电设备，不要用湿布擦抹带电设备。

(5) 不要私自乱接电线，不要随便移动带电设备。

(6) 检查和修理家用电器时，必须先断开电源。

(7) 家用电器的电源线破损时要立即更换或用绝缘布包扎好。

(8) 入户电源线避免过负荷使用，破旧老化的电源线应及时更换，以免发生意外。

(9) 入户电源总保险与分户保险应配置合理，使之能起到对家用电器的保护作用。

(10) 接临时电源要用合格的电源线、电源插头、插座要安全可靠。损坏的不能使用，电源线接头要用胶布包好。

(11) 临时电源线临近高压输电线路时，应与高压输电线路保持足够的安全距离。

(12) 线路接头应确保接触良好，连接可靠。

(13) 房间装修，隐藏在墙内的电源线要放在专用阻燃护套内，电源线的截面应满足负荷要求。

(14) 使用电动工具如电钻等，须戴绝缘手套。

(15) 遇有家用电器着火，应先切断电源再救火。

(16) 家用电器接线必须确保正确，有疑问应及时询问专业人员。

(17) 湿手不能触摸带电的家用电器，不能用湿布擦拭通电中的家用电器，进行家用电器修理必须先停电源。

(18) 家用电热设备，暖气设备一定要远离煤气罐、煤气管道，发现煤气漏气时先开窗通风，千万不能拉合电源，并及时请专业人员修理。

2. 在家正确使用电的方法

(1) 家中的电器会有一个总开关，我们要告诉孩子这个总开关的作用是断掉家中所有电器的电。我们要反复告诉孩子，不要用手去捅家中的插座，也不要用金属器物去探插座的插孔，否则就会引发触电。

(2) 家中的所有电器在插上插座之前，要检查插头部分是否有破损、漏电现象，看看电线是不是完好，如有问题就要告知父母及时更换电线与插头。而且，我们也要让孩子记住不能随便玩弄电器，更不要频繁地去拔下插头，这不仅会损坏电器，还有可能会发生漏电。

（3）我们还要告诉孩子，手湿的时候，不要去触碰开关，也不要去摸任何带电的电器，更不要用湿抹布去擦拭开关、电线、插座以及电器，等等。

（4）很多孩子喜欢拆卸，他可能就会乱拆乱装家里的电器。我们则要提醒他远离家里的这些电器，告诉幼儿这些电器不可以随便就拆掉。如果他的组装出了问题，很可能会给连他在内的使用者带来危险。①

【简要评析】

上面的教学实例是教师在课堂对幼儿安全用电规则进行有效教育教学的过程，对幼儿进行用电安全教育，提高幼儿的安全意识，使幼儿学会一些自救的方法，让幼儿在遇到危险时能采取一定的措施，保护自己。教学方法选择恰当，灵活多样、符合教学内容，学科特点和学生实际，重视学生学习能力培养。

【例3】

触电的急救原则

（一）活动目标

（1）掌握如何触电急救方法。化险为夷，转危为安。

（2）避免遇见特殊情况手忙脚乱，不会进行急救，使情况变得越来越糟。

（二）活动课时

1课时

（三）活动过程

1. 故事导入

教师讲述一个学生触电后，因急救不及时导致学生死亡的案例。

【案例】

学生芳芳在父母外出的情况下，与妹妹独自在家。芳芳在洗衣服的过

① 鲁鹏程. 给孩子最好的安全教育［M］. 青岛：青岛出版社，2012.

程中不小心用湿着的手触碰了插座，突然被电、昏倒。妹妹不知道如何是好，等父母回来之后发现芳芳已经没有了呼吸。

学生谈谈听后感受

2. 教授新内容

（1）触电及其伤害。

①触电是怎么回事？当人体接触到带电体，有电流通过人体时，轻则有针刺麻木剧痛等感觉，重则发生痉挛、心律不齐、血压升高、呼吸困难等症状，甚至在很短时间内心跳停止、死亡，这就是触电事故。

②触电的伤害：电击，是电流通过人体内部，当达到一定阈值后造成人体内部组织破坏或死亡。电伤，是指触电后皮肤的局部创伤，如烧伤、电瘢等。

（2）触电后的应急方法。随着用电的广泛普及，儿童接触电源的机会也越来越多，儿童常常因玩弄电源发生触电事故，另外，在夏秋季节，天气炎热潮湿，风雨较多，有时会因为触碰了倒地电线杆上的电线而致触电。

幼儿发生触电时，首先应迅速使他脱离电源，用干木棍将电线拨开，或用干木棍将孩子拨开。如果直接拉开幼儿时，抢救者必须站在干纸堆或木板上，拉住幼儿的干衣角，将他拖开。

幼儿如发现同伴触电，做以上处理后赶紧喊叫大人。

3. 实践演练

找两位小朋友进行现场演练，其他小朋友指出他们做得好的地方以及不足之处。

【简要评析】

触电发生后，能进行基本的急救。是儿童保证性命、减少伤害的主要途径。因此，幼儿要认真学习这方面的知识。本节课的设计综合了理论与实践相结合，能很好地锻炼幼儿这方面的能力。本节课以幼儿为主导的教学要求，使幼儿亲自体验、实践、感悟。体现了以人为本、以幼儿发展为本的教育理念。

三、教学素材

相关案例

高压线下忙钓鱼，小伙触电惨身亡

某日，李××去钓鱼，在一鱼塘“高压危险，禁止钓鱼”安全警示标志附近，竖起6.3米长的钓鱼竿，钓鱼竿触碰到上方110kV线路，李××顿时浑身衣服着火，经医院抢救无效死亡。

泉州3龄童拔插头触电身亡

据媒体报道，泉州南环路一出租房中，3岁男孩王俊豪在桌边玩耍，试图从插排中拔除旁边一电风扇的插头，却拔不掉。当他妈妈还没说完“那不要拔了”这句话时，只见儿子身体一阵抽搐，倒在地上。①

2岁女童阳台玩耍不幸触电身亡

据《海南特区报》报道，三亚鸿港市场院内出租屋发生一起触电事故，一名2岁女童在自家阳台上玩耍时，用手抓住被雨水淋湿的电线，意外触电身亡。

5岁女童开冰箱拿巧克力触电身亡

据《广州日报》报道，一名5岁女童在打开冰箱拿巧克力时，右手触碰到冷冻柜而被强大的电流吸住，经抢救无效死亡。死者家属拿电笔去测冰箱的外壳，只见电笔发出亮光。

3岁女童触电身亡

事件中身亡的女童阿香（化名）年仅3岁，其父刘某和妻子都是“80

① http：//www.051jk.com/jujia/show/190773.html.

后”，湖北人，一年前两人带着3个小孩和父亲来到宁波打工，在鄞州区的农村租了两间平房，小日子过得很美满。然而，去年9月的一次意外，给这个幸福的小家庭带来致命的打击。9月8日，刘某夫妻在外打工，阿香和弟弟由爷爷在家中代为照看。午饭后，爷爷就抱着小孙子到家门口散步，留下阿香和邻居家的同龄女孩在屋内玩耍，没多久就听到屋里传来一声尖叫，爷爷赶紧抱着孙子冲进屋里，却只见阿香直挺挺地躺在地上，手里握着一把铜钥匙。经邻居家的女孩指认，当时阿香拿着铜钥匙玩耍，看到地上有接线板，就把钥匙插入通电的接线板中，瞬间触电身亡。

四、知识链接

安全用电管理制度①

为了加强电能的安全管理，防止意外事故发生，确保安全用电，特制定本制度：

第一条 所有电路安装、电器操作的人员，都必须经过专业培训，考试合格后，才能上岗。

第二条 电工要按规定穿戴劳保用品，工作应认真负责，具有专业的安全生产，专业技术知识。

第二条 设备动力科要建立健全电气方面的技术档案资料，如高压分布图、低压分布图、全厂架空线和电缆设置图、接地网络、避雷装置图，以及电器设备的技术状况登记等资料。

第三条 一切电器设备必须接地可靠，使用手提移动电动器（如电钻、电枪等），要戴绝缘手套或配备电器保护装置手提移动电动器具，保护装置由设备处每季检查一次，并做好检查记录。

第四条 变电所、各控制室等应符合用电安全规定，非工作人员不准随便进入。

第五条 操作电器装置应熟悉其性能和使用方法，不得任意开动电源装置，严禁在电源装置上放置物件。

---

① http：//www.oh100.com/a/201206/100186.html.

第六条 自己经常接触和使用的配电箱、配电板、按钮开关、插座以及导线等，必须保持完好、安全，不得有破损或将带电部分裸露出来。

第七条 操作电气装置应熟悉其性能和使用方法，不得随意开动电源装置，严禁在电源装置上放置物件。

第八条 电气操作人员要保证电器设备的整洁、完好，防止受潮，禁止用脚踢开关或用湿手板开关，更不能用金属物触及带电的电器。

第九条 打扫卫生、擦拭设备时，严禁用水冲洗或用湿布擦拭电气设施，以防发生短路和触电事故。

第十条 电器在使用过程中，发生打火、异味、高热、怪声等异常情况时，必须立即停止操作，关闭电源，并及时找电工检查、修理，确认能安全运行时，才能继续使用。

第十一条 接触电源必须有可靠的绝缘措施，并按规定严格进行检查，防止触电事故的发生。有高电压的场所、电线裸露的地方，应设立醒目的危险警示标志，并采取有效的隔离措施，防止电击事故发生。室外的电气设施，必须定期清理周围的杂草树木，防止引发事故。

第十二条 电气发生事故，应立即切断电源，采取有效措施，及时报告设备动力科、安全环保科等相关科室，以便进行事故调查，分析和处理。

第十三条 一般禁止使用临时线。必须使用时，应经相关安全和技术部门批准。临时线路应按有关安全规定安装好，不得随便乱拉乱拽，还应在规定时间内拆除。

第十四条 处罚

（1）任何部门和个人都必须严格遵守安全用电制度，严禁私拉乱接电源，严禁违章违规使用电器，严禁电源线路超负荷使用。对于违规违章用电的部门和个人，分别处500元、200元罚款，并责令其参加安全学习。

（2）对违反规定随意开动电源，在电源装置上堆放物件的当班人员处100元罚款。并责令参加安全学习。

学校安全用电管理制度①

一、学校的安全用电管理由学校法制安全处负责，定期检查学校线路，确保电路畅通。

二、学校安装电器、改造线路必须由正式电工严格按照规程操作，严禁无证人员上岗操作，禁止非电管人员摆弄电插座和日光灯等用电设施，避免因操作失误、技术不熟练造成火灾、触电事故。禁止私拉乱接线路，私增电插座和灯头。

三、学校负责安全和后勤人员要不定时地检查容易出问题的开关、接头等，发现故障及时排除。

四、各班级、各室负责人员，要对本班级、各室用电设施加强管理，做到人走灯关。凡是使用电器设备的部门要在离校时切断电源（如计算机、饮水机、复印机、印刷机等）。如若出现违反规定，将进行相应的惩罚。

五、在校师生不得使用电热壶、“热得快”，避免出现总控开关跳闸、电线线路短路引起火灾等事故。

六、如在教室内违规使用的各类电器行为，全体教职工应立即停止，根据情况轻重予以行政处分，包括各类优秀评比资格等，年终考核降级。如造成损失，本人承担全部责任，所有处分直接影响考核。对发现违规用电情况，不制止、不处理、不举报，甚至纵容和包庇的人员，同样予以严肃处理。

① http：//wenku. baidu. com/view/d680cd04bed5b9f3f90f1c9b. html.

第四部分

预防和应对自然灾害类事故

内容提要

本部分针对幼儿的认知结构与心理特点，对雷电、水灾、地震三类较为常见的自然灾害做基本的论述，以及对这三类自然灾害的预防与应对策略，其主要内容包括雨天防雷电击的方法、水灾发生时自救方法以及地震时安全自救的常识等。该板块的学习能够有效地帮助幼儿园儿童做好对此类自然灾害的应对措施，掌握基本的自救方法，提高保护自己的能力，同时培养其安全和自救的意识。

第一课　雨天小心雷电击

一、教学内容

雷电是一种普遍的自然现象。通过对本课内容的学习，让幼儿能够了解雷电是什么，以及它给人们带来的危害，使幼儿树立雨天防电击的意识，以及采取雷电防范措施的重要性。

（一）雷电概述

1. 什么是雷电

雷电是有暴风雨时出现在大地和天空之间的一股电流，由雷云（带电的云层）对地面建筑物及大地的自然放电引起，经常会以高的或者金属的物体为电击目标。雷电会对人、建筑物以及大地上的生命体都形成了严重的危害。暴风雨发生时，在空旷地带，即便只有1米高的孩子，也会成为电击的目标。在大树下避雨更危险。孩子缺乏避雷电的基本知识，在雷雨天常会有一些不安全的行为和举动，因此，对孩子进行有关雷电的安全教育是非常有必要的。

2. 雷电的特点

（1）放电时间段，一般为50～100微秒。

（2）冲击电流大，其电流可高达几万到几十万安培。

（3）冲击电压高，强大的电流产生的交变磁场，其感应电压可高达万伏。

（4）释放热能大，瞬间能使局部空气温度升高至数千度以上。

（5）产生冲击电压大，空气的压强可高达几十个大气压。因此，雷电极具破坏力。①

3. 雷电的成因

在天气闷热潮湿的时候，地面上的水受热变为蒸气，并且随地面的受热空气而上升，在空中与冷空气相遇，使上升的水蒸气凝结成小水滴，形成积云。云中水滴受强烈气流吹袭，分裂为一些小水滴和大水滴，较大的水滴带正电荷，小水滴带负电荷。细微的水滴随风聚集形成了带负电的雷云；带正电的较大水滴常常向地面降落而形成雨，或悬浮在空中。由于静电感应，带负电的雷云，在大地表面感应有正电荷。这样雷云与大地间形成了一个大的电容器。当电场强度很大，超过大气的击穿强度时，即发生了雷云与大地间的放电，就是一般所说的雷击。②

4. 雷电的危害及影响

（1）雷电的破坏力十分巨大，若不能迅速将其泄放入大地，将导致放电通道内的物体、建筑物、设施、人、畜遭受严重的破坏或损害——火灾、建筑物损坏、电子电气系统摧毁，甚至危及人、畜的生命安全。

（2）雷电波侵入。雷电不直接放电在建筑物和设备本身，而是对布放在建筑物外部的线缆放电。因此，往往在听到雷声之前，我们的电子设备、控制系统等可能已经损坏。

5. 雷电伤人的四种方式

直接雷击：在雷电现象发生时，闪电直接袭击到人体，因为人是一个很好的导体，高达几万到十几万安培的雷电电流，由人的头顶部一直通过人体到两脚，流入大地。人因此而遭到雷击，受到雷电的击伤，严重的甚至死亡。

接触电压：当雷电电流通过高大的物体，如高的建筑物、树木、金属构筑物等泄放下来时，强大的雷电电流，会在高大导体上产生高达几万伏到几十万伏的电压。人不小心触摸到这些物体时，受到这种触摸电压的袭击，发生触电事故。

---

① 雷电 - 中国天气网. http：//www. weather. com. cn/thunderstorm/ldzs/03/270442. shtml.

② 雷电的形成 - 中国天气网. http：//www. weather. com. cn/thunderstorm/ldzs/03/270051. shtml.

旁侧闪击：当雷电击中一个物体时，强大的雷电电流，通过物体泄放到大地。一般情况下，电流是最容易通过电阻小的通道穿流的。人体的电阻很小，如果人就在这雷击中的物体附近，雷电电流就会在人头顶高度附近，将空气击穿，再经过人体泄放下来。使人遭受袭击。

跨步电压：当雷电从云中泄放到大地时，就会产生一个电势场。电势的分布是越靠近地面雷击点的地方电势越高；远离雷击点的电势就低。如果在雷击时，人的两脚站的地点电位不同，这种电势差在人的两脚间就产生电压，也就有电流通过人的下肢。两腿之间的距离越大，跨步电压也就越大。①

（二）避免雷击的科学方法

1. 雷电的防治措施

室内

（1）关好门窗，以防雷电击中室内或有“球形雷”飘进屋中。

（2）关闭电视机、电脑、冰箱、空调等电器，以防“引雷入室”。

（3）不要在打雷时打电话，也不要收听收音机等，以防“引雷入耳”。

（4）远离窗口、暖气片、水管、水龙头、天线等带有金属材料的物品，防止导电现象的发生。

（5）待在室内，不要去室外收衣服，尤其是不要收晾在铁丝上的衣服。

室外

（1）避入带有防雷设施的建筑物内，不要急于赶路，更不要奔跑。

（2）坐车时，不要把头和四肢伸出窗外。

（3）不要跑到大树、旗杆、尖塔、电线杆等高耸的物体下避雨。

（4）如果在野外，不要站立在山顶、楼顶等制高点处，而是要立即蹲下，双脚并拢，抱住膝盖，头部向下，尽量把身体缩成一团，以降低高度。

（5）尽快把手中具有导电作用的物体扔掉。比如，带有金属部件的雨

① 雷电防护百科. http：//fanglei. baike. com/article－454679. html.

伞、金属钥匙链、带有金属头的农具等。

（6）不要在空旷的场地或水中做运动。比如，打羽毛球、游泳等。

（7）最好在出门时穿上胶鞋，这样能起到一定的绝缘作用。①

2. 幼儿应学会救助雷电击中的伙伴

孩子们认为遭雷击的人身上还会带着电。其实，这种观点是错误的。对于那些被雷电击中的人来说，如果还有生命迹象，刚开始几分钟对救治他特别重要。如果他此时只是处于一种假死状态，经过及时的救助，像人工呼吸、心肺复苏这样的紧急处理，他还会有很大的生存概率。所以在没有成人陪同的情况下，孩子的同伴若遭到了雷击，我们要让孩子及时地去救助他，如果没有能力救助，要及时寻求成人的帮助，并第一时间拨打“120”急救电话。②

二、教学设计

【例1】

地震的危害及避震

（一）活动目标

（1）使幼儿了解雷电的形成的主要原因，雷电给人类及环境带来的危害，掌握雨天躲避雷电击的基本方法，避免受到伤害。

（2）使幼儿在面对自然灾害的时候要学会冷静，掌握正确的避灾方法。

（二）活动内容

雷电的成因、对人类的危害及雨天躲避雷电击的正确方法。

（三）活动课时

1课时

（四）活动准备

（1）教师收集关于雷电文字资料、图片资料以及视频资料，制作内容

---

① 鲁鹏程. 给孩子最好的安全教育［M］. 青岛：青岛出版社，2012：205.

② 郑小兰. 安全教育［M］. 北京：朝华出版社，2009：123.

丰富、生动形象的课件以辅助课堂教学。

(2) 通过课件展示雷电成因及其危害性，生动地展示正确的避雷方法。

(五) 活动过程

1. 创设问题情境，了解雷电击的危害性

(1) “孩子们都在下雨天看过闪电，谁来向大家展示展示你对雷电知识的了解?”

(2) 展示完雷电的图片后，指名儿童谈谈自己生活中对雷电的了解。

(3) 教师播放闪电的录像，并边播边讲：“每个人都在雷雨天看过闪电，闪电划破天际，非常壮观，但是有谁知道闪电是怎么形成的吗? 闪电除了壮观，它也给人类也造成了巨大的安全隐患。”

2. 课堂讨论

(1) 孩子们，你们知道雷电会对人们造成哪些危害吗?

(2) 让幼儿结合生活常识和从父母那里学到的知识，谈谈雷电有什么巨大危害性。

(3) 教师进一步说明，虽然雷电会造成巨大的危害，但只要做好防御措施，采取正确的避雷方法，就可以避免很多意外的伤害。

3. 自主学习，合作探究

(1) 故事：“这时，天已经阴下来了，眼看就要下大雨，远处还不时传来一阵阵雷声。在一所学校的露天水池旁，一个小男孩踢完球，正在冲洗着满脸的汗水。这时只听‘轰隆’一声巨响，男孩被雷电击中，倒在水池旁。”

(2) 孩子们讨论这个小男孩为什么会被雷电击中。

(3) 教师随机引导儿童从多个方面说明故事中各个方面的危险性。教师随儿童的回答板书。同时强调指出雷电对人体造成的巨大伤害。让孩子了解到如果被雷电击中，生存的概率是很小的。在打雷时，如果在户外应及时进入屋内，避开金属物品，这样才能减少被雷电击中的概率。

户内：关闭门窗，给家电断电，远离窗口和阳台。

户外：不到大树、尖塔、电线杆等高耸的物体下避雨，及时进入屋内，不在户外逗留。

车中：不要伸出头和四肢。

(4) 教师把每种科学的避雷方法分别给孩子们介绍。

(5)“孩子们真了不起！现在我们一起来做个模拟雷雨天的小游戏。”模拟游戏分为室内、室外、车内几个情境进行。

(6) 孩子分成不同小组，在教师指导下进行分组演习。

(7) 小组展示完后说说自己为什么要这样做？孩子们进行互评，教师引导，加深印象。

4. 整合知识，拓展延伸

(1)“如果我们在雷雨天气时正在户外，应该怎样做呢？”

(2) 指生回答。其他孩子进行补充。

(3)“在雷雨天气中应冷静应对，熟记科学的避雷知识。”

(4) 给孩子讲述两个应采取的正确方法，成功躲避雷击的小故事。其他孩子想想从故事中受到了什么启示？

“中午十二点左右，某村上空天色突然阴沉下来，不一会儿，电闪雷鸣，当地一些小朋友还在田野上玩耍，突然，一道耀眼的闪电划过，紧接着是一声巨响。这时，大家看到六年级的小敏倒下了，她躺在地上几分钟没有反应，这时，一位好心的过路人将她慢慢扶起，随后同学们聚拢了过来，几个和小敏比较熟悉的同学赶紧冲了上去共同搀扶她，周围成人当即拨打“120”急救电话。小敏的脖子上有一点烧黑的痕迹，右耳还在往外流血，应该是被雷击的。很快救护车把她送到了当地的卫生院。后来小敏回忆说自己也不知道是怎么倒的，不记得发生什么事了。幸好她当时被及时送到了医院，否则后果不堪设想。①”

(5) 孩子谈谈从故事中受到的启示。“如果你的朋友遭受雷击，你会怎么做？”，教师引导孩子思考不同的救助办法。

(6) 教师与孩子互动，孩子与孩子互动，使孩子认识到生命的可贵，以及如何在雷雨天正确避雷。

5. 回顾小结，认识升华

师生共同小结：不要害怕雷电。雷电只是一种很普遍的自然现象，只

① 于帆、侯志伟. 儿童自我保护能力训练全书［M］. 合肥：安徽科学技术出版社，2011：139.

要我们做好安全防护措施，并采取科学、正确的避雷方法，就可以有效地避免雷电给人们带来的危害。

【简要评析】

这一节关于雷雨天避免雷击的教学设计是教师在课堂对儿童进行雷电知识的教授过程。在教学方法上，教师运用了许多雷电的图片、案例、视频等生动逼真的教学手段，让儿童们在更真实、更具体的教育教学过程中熟悉和掌握必要的雷电相关知识。在教学内容上，不仅讲到了雷电产生的原因，如何在不同的地方（室内、室外、车内）预防雷击等基础性知识，还增加了雷电相关知识的整合与拓展，使儿童可以习得更多的常识，即如何救助遭遇雷击的伙伴。本教学设计不仅起到了预防和减少雷电带来的伤害这一教育目的，还教授了儿童科学的避雷知识，与日常生活息息相关的预防措施，同时还使儿童对雷电这一自然现象有了科学的认识，是一个典型的预防雷电伤害及应对雷击的教学设计。

【例2】

安全避雷电击

（一）活动目标

（1）在巩固幼儿原有经验的基础上引导幼儿了解雷电击的危害性。

（2）培养幼儿养成良好的自我保护意识，掌握防止雷电击伤害的基本经验。

（3）通过表演游戏的形式，让幼儿在玩儿中学，在学中感受到活动的乐趣，并更快地、更好地掌握所学的安全知识。

（二）活动内容

雷电的形成、危害及预防和应对措施。

（三）活动课时

1课时

（四）活动准备

（1）事先师生、家长共同收集有关雷电知识的资料。

（2）教师收集有关地震的视频、图片等制作教学课件。

（五）活动过程

1. 情境导入

（1）巩固和提升幼儿已有的经验：轰隆隆，是什么声音？

（2）探究雷电的形成。小耳朵真灵，真的是下雨了，打雷了。

2. 出示图片，了解雷雨形成的原因，建议教师提问

“为什么会打雷和闪电？”

教师简单介绍：雷雨常常会在夏季发生。因为夏天空气急剧上冲，使得云朵里带有许多的电。当云和云碰撞时，就会发生打雷和闪电的现象。

“想一想，你是先看到闪电还是先听见打雷声？”

教师小结：先看见闪电，然后听见打雷声。告诉儿童因为光的速度比声音的速度传播得要快，因此先看见闪电，然后听见打雷声。

（1）引导儿童提出探究问题。

那我们知道雷电是什么样子的？还有什么也是和雷电一起出现的呢？（请幼儿模仿打雷的声音、描述闪电的景象。）

（2）探究雷电的形成，引导幼儿在活动中能够大胆地表述。（教师出示幻灯片，帮助幼儿认识下雨时雷电形成的过程。）

（3）了解雷电的预兆，幼儿能够在集体面前大胆表述自己的生活经验，如有哪些地方我们是可以躲避的，而什么地方是一定不能去的呢？

演示幻灯片，引导幼儿观察讨论，他们做得对不对？应该怎样做？

展示在雷雨天气，不同的人在不同的地方采取不不同的避雷方法。

“下雨打雷了，图上的小朋友是怎样做的？这样做安全吗？”

“雷雨时，在家里的小朋友关上电视机对吗？为什么？”

（教师讲述：雷雨时，要把家中的电源切断，最好不要使用任何电器。因为电线受雷击后，很容易把强大的电流传到电器上，使电视机、电脑等电器发生爆炸或燃烧起来，造成危险。）

“雷雨时，不能在哪里躲雨？为什么？”

（教师讲述：雷雨时，不能在空旷的地方停留，更不能玩儿地上的积水，还不能在大树下躲雨，也不能在高压线附近走动。因为水、木、铁都导电。）

“雷电会给人类带来哪些危害呢？”

教师讲述：雷电会击中人或动物，还会引起火灾。因此现在人们在高楼上装有避雷针，使雷电不会击中高楼。

3. 活动延伸

(1) 教念儿歌《安全避雷电》。

附儿歌《安全避雷电》

跟着大人去郊游，开开心心在踏青，突然闪电又打雷，这个时候怎么办?

千万不要慌乱跑!

安全避雷有妙计：

不能躲在大树下；不能躲在电线杆下；不能躲在潮湿处；不能躲在高危处；不慌不乱四处看；找到低处蹲下来，雷电没有再走动，定能安全回到家。

(2) 表演游戏《下雨啦》。

情景设计：播放音乐《下雨啦》，兔妈妈和小兔们随着轻快的音乐去采蘑菇，突然下雨了，打雷了，兔妈妈和小兔们赶快躲雨。雨停了，兔妈妈表扬躲得好、躲得对的小兔。

4. 课堂小结

本节课真是收获不少，我们学到了许多有关雷电的知识。希望今天这节课我们不仅仅知道雷电的成因及危害，更重要的是要懂得遭遇雷雨天气的时候学会保护自己，这才是老师最想要大家学习的东西!

【简要评析】

本课以雷电作为探究对象，引领幼儿探究雷电的形成、雷电的危害、雷电的前兆以及避雷电的方法。在教学中注意引导幼儿根据已有的生活经验，主动建构知识，鼓励幼儿自己提出问题，并大胆猜想，提出自己的观点，提高了幼儿的自主思考能力。在教学中还注意利用视频资料和图片再现了打雷时的场景，让幼儿亲身感受雷电的破坏力以及各种避雷方法的正与误，激发幼儿探究科学的兴趣和欲望。在教学的同时，为每个幼儿提供自主学习、自主发展的空间，同时也调动了幼儿们的研究热情。

三、教学素材

相关案例

2005年5月26日13时30分左右，廉江市雅塘镇9名学生在学校操场玩耍，一声雷响，有2名学生死亡，另2名学生受轻伤。

2005年5月12日14时35分左右，罗定市船步镇某小学附近天空下着小雨，忽听一声巨响并伴有强光，不久有学生来报告，厕所内有学生被雷击，老师立即冲向厕所，抱出2个昏迷的学生进行抢救。其中女学生何某只是面部受伤，而男学生陈某头顶有一条大概3寸长的伤口，像是被刀劈开的痕迹，右脚脚趾血肉模糊，隐约可见骨头，头部及右腿呈现黑色，并闻有焦味，抬出来经人工呼吸抢救无效，后送医院证实死亡。女学生送医院经抢救后于当晚出院。在现场看到厕所楼面有一拳头大的裂痕，可以明显看见里面的钢筋，裂痕底下的地面也有几乎相同大小的凹洞，相距凹洞约20厘米的地方明显凸起，一墙之隔的女厕所没有发现被雷击的痕迹。该厕所为混凝土结构，位于半山腰上，周围没有高大树木和建筑物，极易遭雷击。

2014年7月6日下午5时许，仙游大济镇溪口村，一名41岁的农妇在瓜田里作业时，不幸遭遇雷击，当场身亡。据悉，事发前当地突降暴雨，农妇担心西瓜被雨水泡烂，便带着锄头到田里疏通排水渠。当她准备回家时，一个惊雷落下，农妇突然倒地，其他瓜农从一旁赶来时，发现她被雷电击中身亡。雷暴天气，农妇在平地里变成突出物，十分危险，高举的锄头、铁锹等金属物品也有可能直接遭遇雷电袭击。

四、知识链接

（一）平时家长应该对孩子进行雷电安全教育

加强对孩子进行防雷教育。教育孩子不要待在露天的阳台上，不要到大树下避雨，也不能留在空旷的地方。打雷下雨时，应立即赶回家，如果来不及，一定要就近到商店或者人家避雨；打雷下雨时，要远离池塘、湖泊或与水相连的地方；坐车时，不要把车窗打开。

在家中做好防雷措施。家用电视机的室外天线进入室内之前，必须接好避雷器。设避雷器的天线要确保可靠，同时，天线应该距离避雷针10米以外。若打雷时不要使用电话，也不要看电视，更不要让孩子用淋浴洗澡。

（二）在户外如何正确避雷击

孩子们常常会利用周末或假期一起到户外去游玩儿，孩子外出游玩时，一定要提前收听天气预报，选择一个好天气出门。即便是这样，家长也要教孩子掌握一些防雷常识。在发生意外的情况下，孩子可以根据实际情况保护自己。

（1）人体的位置尽量降低，以减少直接雷击的危险；人体与地面的接触部分（如双脚）要尽量靠近，与地面接触越小越好，以减少“跨步电压”。因为雷击落地时，会沿着地表逐渐向四周释放能量。此时，行走中的人的前脚和后脚之间就可能因电势差不同，而在两步间产生一定的电压。

（2）空旷地带和山顶上的孤树、桅杆和孤立草棚、岗亭等应该远离，因为它们易遭受雷击。

（3）不要触摸或靠近建筑物外露的水管、燃气管等金属物体及电力设备等可能因雷击而带电的物体。

（4）不要在大树底下避雨，因为大树潮湿的树干相当于一个引雷装置，如果用手扶大树，就仿佛用手去扶避雷针一样。如万不得已，则须与树干保持3米距离，下蹲并双腿靠拢。

（5）远离铁栏及其他金属物体。并非直接的电击才足以致命，闪电击中导电体后，电能是在瞬间释放出来的，向两旁射出来的电弧远达好几米。

（6）要取下身下佩戴的金属饰品和发卡、项链等，也不要拿着金属物品在雷雨中停留，因为金属物品属于导电物质，在雷雨天气中有时能够起到引导雷电的作用。

（7）暴雨天气时，在户外不要接听和拨打手机，因为手机的电磁波也会引雷。

（8）遇到雷暴天气，条件允许的话，最好穿胶鞋，这样可以起到绝缘的作用。

（9）如果在户外遭遇雷雨，又正身处树木、房屋等高大物体下，应该马上离开。来不及离开高大物体时，应马上找些干燥的绝缘体放在地上，并将双脚合拢坐在它上面，或采取下蹲的避雷姿势。切勿将脚放在绝缘体以外的地面上，因为水是能够导电的。千万不要躺下，这时虽然高度降低了，却增大了跨步电压的危险。

（10）在雷电交加时，感到皮肤刺痛或头发竖起，是雷电将至的先兆，应赶紧趴在地上，这样可以减少遭受雷击的危险。

（11）在户外躲避雷雨时，尽量低下头，因为头部较之身体其他部位最易遭受雷击。

（12）在户外看见闪电几秒钟就听见雷声时，说明正处于近雷暴的危险环境，此时应停止行走，两脚并拢并立即下蹲，不要与人拉在一起，最好使用塑料雨具、雨衣等，因为塑料是绝缘体。

（13）在雷雨天气中，不要在空旷场地打伞，不宜把羽毛球拍、高尔夫球棍等扛在肩上；也不要在水中或水边停留，不宜在河边玩耍。因为水面易遭受雷击，况且在水中若受到雷击伤害，还增加溺水的危险。

（14）在户外如果看到高压线遭受雷击断裂，此时应提高警惕，因为高压线断点附件存在跨步电压。身处附近的人此时千万不要跑动，而应双脚并拢站立，或逃离现场。

（15）如果离车比较近，可以转移到车上。车内一般不会遭受雷电袭击，因为汽车是一个封闭的金属体，具有很好的防雷电功能。值得提醒的是乘车遭遇打雷时，千万不要将头、四肢伸出车外。①

---

① 于帆、侯志伟. 儿童自我保护能力训练全书［M］. 合肥：安徽科学技术出版社，2011：138.

第二课　水灾暴发莫惶急

一、教学内容

水灾属于自然灾害中的地质灾害。通过学习本课，让幼儿掌握关于水灾的相关理论知识，刮台风时掌握台风是如何产生的及对人们生活的影响，能够知道在实际生活中如何来应对水灾。

（一）水灾概述

1. 什么是水灾

我国大部分地区，特别是江南、华南地区，夏秋多雨、多洪涝。全年的降水量大部分集中在夏季湿润高温的时期，且多以暴雨形式出现。这时候最容易发生洪水。洪水所到之处，房屋倒塌，人员遭受淹没之苦，城市积水不退，甚至长至数月。洪水导致孩子溺亡或是被冲走的事情时有发生，特别是在南方雨季，更为突出。由于洪水发生的突然性和严重性，且很多人不知道积极自救，导致悲剧一次又一次上演。而孩子作为社会中的弱势群体，在遭受洪水时，更容易受到伤害。为了孩子的生命安全，我们家长有必要让孩子学会一些洪水自救的知识，以备不测。

2. 水灾的成因

（1）季风气候的影响。我国大部分地区受季风环流影响，降水量大，全国年平均降雨达650毫米左右，这是我国水灾的主要原因。我国各地水灾的发生及发生的季节，与雨季的起止期和持续期有密切关系。由于各地雨季的开始和结束期不同，以及受降水集中的时段和台风的影响等原因，各地水灾发生的季节也不同。

（2）地形地貌的影响。我国地形复杂，西部与东部落差大，众多河流均要汇入少数特大河流而入海，这是我国江河洪水和内涝灾害易生成的基本原因。如长江、黄河的落差就大大超过世界上著名的亚马孙河、密西西比河、尼罗河等大河流的落差。在这种地形条件下，大江大河的中上游一进入梅雨季节或暴雨季节，下游就往往不堪承载，形成人力难以抗御的水灾或涝灾。

(3) 植被破坏，水土流失。森林植被既可以减少蒸发、减少地表径流、增加降水，又可以截留降水、涵养水源、保持水土、调节径流、改变局部地区的水分循环，从而调节气候。它既能防治洪水，又能防治干旱。森林被盲目砍伐，一方面暴雨之后不能蓄水于山上，使洪水峰高量大，增加了水灾的频率；另一方面增加了水土流失，使水库淤积，库容减少，也使下游河道淤积抬升，降低了调洪和排洪的能力。

(4) 防洪抗灾能力薄弱。因投入不足，我国的防洪工程大多标准偏低；部分堤防、水库等防洪水利工程以及农田基础设施的质量较低，加之老化失修，泥沙淤积隐患严重。据统计，全国 8 万多座大中小型水库，其中可用来拦蓄洪水的防洪库容约占总库容的 50%。这个防洪库容总量约占当年平均洪水流量的 13%，而且其中 1/3 还是“带病”运行。目前，洞庭湖防洪标准全国最低，防洪形势最险，堤坝多、战线长、险工险段隐患多。防洪设施如不能正常发挥效益，汛期必将威胁城乡人民的生命财产安全。①

3. 水灾的危害及影响

(1) 洪水灾害对国民经济的影响。

①对农业的影响。严重的暴雨洪水常常造成大面积农田被淹、作物被毁，致使作物减产甚至绝收。1950—2000 年的 51 年中，全国平均农田受灾面积 937 万公顷，成灾 523 万公顷。

②对交通运输的影响。铁路是国民经济的动脉。而中国不少铁路干线处于洪水严重威胁之下，在七大江河中下游地区，有京广、京沪、京九、陇海和沪杭甬等重要铁路干线，受洪水威胁的铁路长度 1 万多千米，西南、西北地区铁路常受山洪泥石流袭击，这些地区的铁路干线为山洪泥石流高强度多发区。中国公路网络里程长，水灾造成公路运输中断的影响遍及全

① 匡跃辉. 我国水灾的基本特征及成因分析 [J]. 中国人口 · 资源与环境，1998，(04).

国城乡各个角落。随着公路建设迅速发展，水毁公路里程也成倍增加，中国所有山区公路都不同程度受山洪、泥石流的危害，西部10余条国家干线，频繁受到泥石流、滑坡灾害。川藏公路沿线大型泥石流沟就有157条，每年全线通车时间不足半年。

③对城市和工业的影响。城市人口密集，是国家政治经济文化中心，工业产值中约有80%集中在城市。中国大中城市基本沿江河分布，受江河洪水严重威胁，有些依山傍水的城市还受山洪、泥石流等灾害的危害。中国600多座城市中，90%有防洪任务。20世纪90年代以来，中国城市化进程显著加快，大量人口从内地涌向沿海沿江城市，城市面积迅速扩张，新扩张的城区往往是洪水风险较高而防洪能力较低的区域。由于城市资产密度高，对供水、供电、供气、交通、通信等系统的依赖增大，一旦遭受洪水袭击，损失更为严重。统计数据表明，一些经济较发达的沿海省份，城市与工业的水灾损失已经占到水灾总损失的60%以上。

（2）洪水灾害对环境的影响。洪水灾害不仅带来巨大的经济损失，而且对人类的生存环境也会造成极大破坏。这种对环境的破坏主要表现为以下四个方面。

①对生态环境的破坏。水土流失问题是中国严重的生态环境问题之一，而暴雨山洪是主要的自然因素。至2000年，全国水土流失面积356万平方千米，约占国土面积的37%，每年土壤流失量约50亿吨，大量泥沙淤积在河、湖、水库中，同时带走大量氮、磷、钾等养分。水土流失危害不仅严重制约着山丘区农业生产的发展，而且给国土整治、江河治理以及保持良好生态环境带来困难。

②对耕地的破坏。洪水灾害对耕地的破坏，主要是水冲沙压、破坏农田。如1963年海河大水，水冲沙压造成失去耕作条件的农田达13万余公顷。黄河决口泛滥对土地的破坏更为严重，每次黄河泛滥决口都使大量泥沙覆盖延河两岸富饶土地，导致大片农田被毁。

③对河流水系的破坏。中国河流普遍多沙，洪水决口泛滥致使泥沙淤塞，对河道功能的破坏极其严重，尤其是黄河泛滥改道，对水系的破坏范围极广，影响深远。

④对水环境的污染。洪水泛滥对水环境的污染，主要是造成病菌蔓延

和有毒物质扩散，直接危及人民的身体健康。[①]

（二）防范水灾的有效措施

1. 水灾的防治措施

（1）根据不同地区因地制宜制订防灾、抗灾、救灾规划，积极推广各种减灾技术，进一步完善区域综合防御体系。

（2）恢复植被，加强防止风沙尘暴的生物防护体系。实行依法保护和恢复林草植被，防止土地沙化进一步扩大，尽可能减少沙尘源地。

（3）加强水灾的发生、危害与人类活动的关系的科普宣传，使人们认识到所生活的环境一旦破坏，就很难恢复，不仅加剧水灾的次生灾害，还会形成恶性循环，所以人们要自觉地保护自己的生存环境。

2. 洪水危机的预防

（1）教师和父母要对孩子进行一些防洪措施。如什么情况下容易发洪水，一人外出时遇到洪水怎么办，等等。让孩子从小树立防洪自救的意识。

（2）对孩子进行防洪训练。鼓励孩子积极参加学校或社会组织的防洪演练，以此提高孩子的自救自护能力。

（3）做好防洪准备。雨季是洪水频发的季节，家长应做好防洪准备，如准备好备用的水、食物以及救生圈等急救设施等。处于山区或洪水频发地区的家长应护送孩子上学放学。

（4）了解地质情况。外出旅行时，为了安全，要充分了解目的地的地质情况，要避开有山洪或者泥石流暴发地区；山洪暴发通常与暴雨天气有关，因此，应随时关注天气预报，雨天不能贸然出行。

3. 幼儿应掌握的水灾应急措施

（1）洪水到来之前，应尽量做好准备。

①根据电视等媒体提供的洪水信息，结合自己所处的位置和条件，冷静地选择最佳路线撤离，避免出现“人未走水先到”的被动局面。

②避难所一般应选择在距家最近、地势较高、交通较为方便及卫生条

① http：//www. abazhou. gov. cn/yjgl/kpxc/yjcs/zrzh/hs/201012/t20101221_214340. html.

件较好的地方。在城市中大多是最高层建筑的平坦楼顶，地势较高或有牢固楼房的学校、医院等。

③认清路标，明确撤离的路线和目的地，避免因为惊慌而走错路。如果盲目地走错路，再往回折返会加大危险系数。

④要保持镇定的情绪。轧制木排，并收集木盆、木块等漂浮材料加工为救生设备急需；洪水到来时难以找到适合的饮用水，所以在洪水来之前可用木盆、水桶等盛水工具储备干净的饮用水。

⑤准备好与医药、取火有关的物品；保存好各种尚能使用的通信设施，可与外界保持良好的通信联系。

（2）洪水来时的自救措施。

①一定要听从大人的安排，千万不可随意下水游动。无论你遇到何种情形，都不要慌，要学会发出求救信号，如晃动衣服或树枝，大声呼救等。

②听从大人组织与安排，立即爬到比较牢固的高层建筑或防洪大坝较高的地区进行避险。

③很多人在洪水中失踪，除了因为洪水较大且猝不及防外，最重要的因素是不了解水情而涉险水。因此，如果你不了解水情，一定要在安全地带等待救援。

④如果落入水中或被水冲走，首先要保持镇定，尽量抓住水中漂浮的木板、箱子、衣柜等物。如果离岸较远，周围又没有其他人或船舶，就不要盲目游动，以免体力消耗殆尽。

⑤遇到洪水、道路坍塌，或者道路被拦腰切断并有急流通过时，不要莽撞，要待在安全的地方，不能强行通过。

（3）山洪暴发的注意事项。暴雨时节，更不要低估山洪暴发的威力和速度，小溪的流水往往由上游水流急涌而下，于数分钟内演变为巨大山洪。如果在溪中玩耍，则极有可能被洪水冲走，引致伤亡。

①如果你正处于河堤缺口、危房等危险地带，应尽快撤离现场，迅速转移到高坡地带或高层建筑物的楼顶上。

②山洪暴发，一定保持冷静，迅速判断周边环境，尽快向山上或较高地方转移；如一时躲避不了，应选择一个相对安全的地方避洪。千万不要

轻易涉水过河，也不能沿着洪水的方向逃跑。

③如果已经被山洪围困，应该到较牢固的高地等待救援。

安全提示：当洪水发生后，一定要注意预防洪水带来的次生灾害，如水源污染、食品污染、病菌滋生等，特别是灾后霍乱、伤寒、痢疾等肠道传染极易传播和流行。因此，一定要注意饮食和生活卫生。①

二、教学设计

【例1】

了解认识台风

（一）活动目标

（1）围绕主题、展开想象，大胆设计，激发幼儿的创造欲望。

（2）能用语言比较连贯地表达自己的想法。

（3）萌发幼儿的爱心，体会帮助别人是一件快乐的事情。

（二）活动准备

（1）事先通过新闻已了解各地发生洪水的情况。

（2）幼儿自己寻找有关预防洪水的资料。

（三）活动课时

1课时

（四）活动过程

1. 导入

以信件的方式开启课程的学习。

教师：今天早上孙老师收到一封来自重庆的信，上面写着幼儿园大班全体小朋友收。（教师打开信充满感情地朗读）

幼儿园大班的小朋友们：

你们好！

我们是重庆市某某幼儿园大班的小朋友。洪水淹没了道路、房子，我们失去了自己的家，有的甚至失去了爸爸妈妈，成了孤儿。知道你们在幼

① 郑小兰. 安全教育［M］. 北京：朝华出版社，2009：129－130.

儿园里幸福地学习、游戏，我们真羡慕！我们有一个愿望，请你们帮我们一起想想办法，战胜洪水这个恶魔。

2. 教授新内容

教师：大家从电视中了解到我们国家许多地方洪水泛滥，损失严重，心里非常着急，也很难过。所以我们要召开紧急会议，请大家一起出主意，想办法，怎样战胜洪水？(幼儿自由议论)

幼：我要造一座通道，从天上一直连接到海洋，下雨时雨水直接流入海洋。

幼：我要发明一种魔粉，在房子的周围撒上一层，洪水来了就会形成保护膜，洪水多高，保护膜也有多高。

幼：我要制造一个“魔环”，洪水来了就用它罩住房子。

幼：我觉得首先要多种树、多种草，让它们的根紧紧地抓住泥土，洪水就不敢来侵犯我们了。我还要发明海陆空三种机器人，让它们一起来抽水。

幼：种树当然很要紧，但我还要发明一种“十头巨龙”专门吸水。

师：对，这真是一个好方法，我们平时要爱护树木，这样可以预防洪水的发生。大家还有什么好方法吗？

幼：我要建造充满氢气的房屋，如果洪水来了就飞到天上去。

幼：我要请宝石海星来帮助我们战胜洪水。

幼：还不能把垃圾扔在河里，这样河水会被污染，水位会上升，更容易发生洪水。

幼：我要设计三样东西：海上请“奥特曼”，陆地上请“神奇宝贝”，空中请“飞翔机器人”来制伏洪水。

师：当看到有人在乱扔垃圾时，我们应该及时劝阻，并把道理讲给他们听。让更多的人都来爱护周围环境！

师：你们的办法真好，用什么方法记录下来告诉灾区的孩子？

幼：打电话。写信。先画下来，再寄给他们。

师：大家讨论一下，用什么方法可以让别人容易理解，一看就明白？(幼儿结伴讨论，分析各种方法的优缺点。最后大家一致决定采用画画的方式。)(幼儿用画画的方式记录下来，教师此时鼓励幼儿展开想象，大胆创新。)

师：刚才在画画时，有的小朋友又想出了好办法，我们再请他们来介绍一下，好吗？

幼：我要发明一种“潜水房子”，洪水来了也不怕，住在里面还能看风景呢！

幼：我想在房子上装上翅膀，洪水一来就可以飞着离开。

师：你们想的办法很多很好，是一群有爱心、乐意帮助别人的好孩子。你们想出的方法中有的马上就可以实现，像种树、种草、不乱扔垃圾等，而有的好方法要你们现在学好本领将来才能实现，老师祝大家梦想成真！

3. 课堂小结

每个孩子都有权利和机会得到充分发展，为其后续学习和终身发展打好基础，所以幼儿园教师应给他们创设一种丰富、适宜的物质、心理和有情感的环境，让他们获得充分学习和大量的自主活动与探索的机会，并以热情和智慧，采用多种生动、形象的方式促进他们学会做人、生活、学习、劳动，适应未来社会发展的需要。

【简要评析】

这是一堂关于防御洪水的活动课，以信件导入，激发孩子的好奇心与求知欲。然后教师带领孩子召开了紧急会议，主题为“战胜洪水的好方法”。这一活动帮助孩子了解一些减少洪水发生的粗浅知识，同时鼓励积极思考的孩子展开想象，异想天开地设计一些战胜洪水的工具或其他．给孩子们提供创造想象的环境、宽阔的创造空间，使他们获得充分的发展。孩子们展开了丰富的想象，利用已有经验，奇思妙想。在活动中，孩子们乐于创造，任想象自由飞翔，尽情表达自我；在活动中，孩子们主动通过各种渠道去接纳信息，逐渐地学会自主学习；在活动中，孩子们体味到助人为乐的喜悦，情感得到了升华：在活动中，孩子们主动关心周围的事物，并为它们的不完美之处出谋划策作为己任。

【例2】

水灾发生莫慌乱

（一）活动目标

（1）初步了解水灾发生时自救方法，提高保护自己的能力。

（2）有环保意识，乐意为周围的绿化做力所能及的事情。

（3）掌握自救的方法。

（二）活动内容

结合生活实际学习如何预防台风。

（三）活动课时

1 课时

（四）活动过程

1. 谈话导入，揭示课题

（1）教师："小朋友想想，如果我们这儿连续几天都下雨，感觉会是怎样呢？有哪些不方便呢？"

教师："如果大雨连续不停地下，将会发生什么？"（幼儿交流）

（2）看图片，了解水灾的危害性。

教师："连续下大雨会发生什么事情？洪水会给人们带来了哪些灾难？"（教师和幼儿共同边看图片边交流）

（3）交流感受和逃生方法。

教师："看到这样的灾情你是怎样想的？"

教师："洪水来了，我们可以怎样逃生自救？"（发求救信号、抱住树木、爬上屋顶）

（4）了解洪水发生的原因。

教师："现在为什么每年有特大洪水？"

教师："减少灾害天气有什么办法？"

（教师告诉幼儿植树造林、绿化环境与减少水灾之间的关系）

2. 真实再现，发人深思

（1）教师给学生看社会、学校预防台风的录像。

教师组织学生讨论，小朋友们讨论，让孩子们把好的建议说出来。

（2）小组讨论、交流。

（3）听专家的建议（图片或录音）。

3. 回顾总结

大自然的脾气难以琢磨，它有时候给我们带来喜悦，有时候给我们带来悲伤，它极其善变，说不好什么时候发起脾气来。但只要我们预防得好，就能把危害降到最低，教师同时告诉小朋友如果遇上水灾不要慌，要抱住树木，爬上屋顶，学会发求救信号，告诉幼儿植树造林、绿化环境是为了避免水灾的发生。

【简要评析】

本节课的教学采取实践—理论—实践的教学方法，教师在讲解新课后，要结合实例、先引导孩子小结出本节课的学习内容，再引导孩子自我总结出结论，有不完善的地方，教师才给予点拨，直到完整为止。应当注意，教师在教学过程中绝不能轻易在孩子不理解的情况下把结论告诉孩子。首先试图让孩子自己去讨论探索本科知识，然后结合课本优化孩子们的建议，结合实际为了能把课上所学的应用于孩子们的现实生活中，试图从生活中的实际出发来让孩子们学习。本节课采取让孩子们自己去探索的方法，有利于孩子们对知识进行深刻认识，达到本节课的最终目的就是让孩子们树立安全保护意识，真正遇到台风时可以运用所学的知识保护自己和他人，本节课的教学设计最后运用诗歌的形式便于孩子们的对台风知识的记忆。

三、教学素材

相关案例

2005 年 6 月 1 日贵阳遵义铜仁等地遭受洪涝灾害。5 月 31 日夜至 6 月 1 日 8 时，贵州省出现的大范围强降水天气过程，致使贵阳市的清镇、花溪、乌当，铜仁地区的松桃、印江，遵义市的汇川、凤岗、绥阳等县（区、市）遭受不同程度洪涝灾害。据初步统计，贵州省贵阳、遵义、铜仁、毕节等地的 15 个县（市、区）、10.5 万人遭受不同程度洪涝灾害，倒塌房屋 25 间，死亡 4 人、失踪 7 人，直接经济损失 6 200 余万元。贵阳市清镇有 6 个乡镇 3.2 万人受灾，倒塌房屋 4 间，直接经济损失约 150 万元，暴雨造成该市青龙街道办事处扁坡村发生山洪，造成 4 人死亡、1 人失踪。遵义市汇川区高坪镇高坪河两岸 140 余户被淹，最大水深达 1 米。铜仁地区松桃县寨英镇落满村发生山体滑坡，造成 2 户居民的 2 栋房屋被掩埋，失踪 6 人、重伤 1 人。

2015年以来，全国20个省（区、市）2 079万人受灾，死亡108人、失踪21人，紧急转移安置107.2万人，农作物受灾1717千公顷，倒塌房屋4.4万间……今年以来，暴雨洪水已经直接造成了约353亿元的经济损失，强度为历年罕见。受汛情影响，今年夏季的蔬菜运输成本增加和损失加大，而供应进一步偏紧导致蔬菜价格飙升。专家表示，厄尔尼诺现象将会持续增强，未来防汛工作压力不可同日而语，加速推进重大水利工程建设已刻不容缓。

四、知识链接

面对洪水莫惊慌

南方的小朋友，或者是江边、海边的孩子，对于洪水并不陌生。我国几乎每年都有一些地方发生或大或小的水灾，严重的水灾通常发生在河谷、沿海地区及低洼地带。暴雨时节，这些地方的人们就必须格外小心，以防洪水泛滥。更不要低估山洪暴发的威力和速度，小溪的流水往往由上游水流集涌而下，于数分钟内演变为巨大山洪。如游人们在溪中玩耍，则极有可能被洪水冲走，引致伤亡。所以家长要教给孩子一些有关洪水的常识，以便灾难来临时及时逃生。

具体要做到以下几点：

（1）雨季时不要逗留在河边休息，下雨时应迅速离开河边，暴雨后不要到河边玩耍。

（2）当桥已被水漫过时，不要抱着侥幸心理去跨越桥梁，要迅速离开河边。

（3）发现流水突然变急，并浑浊、夹杂沙泥时，说明山洪可能马上就要来了，应迅速远离河边。

（4）当洪水来临的时候，要撤退到相对安全的地方，千万不可随意下水游动。

（5）洪水来临时来不及转移，要就近迅速向山坡、高地、楼房等地转移，或者立即爬上屋顶、楼房高层、大树、高墙等高的地方躲避。

（6）如洪水继续上涨，暂避的地方马上要被水淹没，则要迅速找一些门板、桌椅、木床、大块的泡沫塑料等能漂浮的材料来帮助自己逃生。

（7）发现高压电线铁搭倾倒、电线低或断折，要远离避险，不可触摸或接近，防止触电。

（8）如果不幸掉进湍急的河水里，不要慌，要保持镇定，也不要盲目游动，以免体力消耗殆尽。尽量抓住水中漂浮的木板、箱子、衣柜等物，同时发出求救信号，如晃动衣服或树枝，大声呼救等。如离岸边较近，应设法抱抓住岸边的石头、树干或藤蔓，爬到岸上去。

（9）洪水过后，要及时服用预防流行病的药物，做好卫生防疫工作，避免发生传染病。

第三课　地震来临要注意

一、教学内容

地震属于自然灾害中的地质灾害。本课内容是针对幼儿园儿童设计的，适合幼儿学习和掌握基本的地震知识。

（一）地震概述

1. 什么是地震

地震（earthquake）是大地的震动。地球的结构就像鸡蛋，可分为三层。中心层是“蛋黄”——地核；中间是“蛋清”——地幔；外层是“蛋壳”——地壳。地震一般发生在地壳之中。地球在不停地自转和公转，同时地壳内部也在不停地变化。由此而产生力的作用，使地壳岩层变形、断裂、错动，于是便发生地震。①

据统计，地球上每年约发生500多万次地震，即每天要发生上万次地震。其中绝大多数太小或太远以至于人们感觉不到；真正能对人类造成严重危害的地震大约有一二十次；能造成特别严重灾害的地震大约有一两次。人们感觉不到的地震，必须用地震仪才能记录下来；不同类型的地震仪能记录不同强度、不同远近的地震。世界上运转着数以千计的各种地震仪器日夜监测着地震的动向。中国是世界上大陆地震活动最为强烈的国家之一。据统计，在我国大陆地区，5级以上地震的年频次是19次，6级以上地震的年频次是4次，每3年发生7级以上地震2次。我国城市面临的地震灾害威胁十分严重，22个省会城市和2/3的百万以上人口的大城市均位于地震高危险区，其中，11个省会城市有发生7级以上大地震的可能，

① http：//www. gl. gov. cn/News/ArticleDetail. aspx？ articleid = 219431.

17个省会城市有发生6.5级以上强地震的可能。

2. 地震的成因

地震是地壳运动和地球内部变动所引起的。根据发生原因不同分为三类。

（1）陷落地震。形成原因：当上层地壳压力过重时，地下的巨大石灰岩洞突然塌陷，发生地震。它发生次数少，影响范围不大。

（2）火山地震。形成原因：火山爆发时，熔岩冲击地壳，发生爆炸，使大地震动。影响范围不大，次数也不多。

（3）构造地震。形成原因：它是地球内力作用等引起地层断裂和错动，使地壳发生升降变化。巨大的能量一经释放，被激发出来的地震波，就四散传播开去，到地面时，引起强烈地震。这是次数最多、影响范围最广的地震。

（4）诱发地震。由于水库蓄水、油田注水等活动而引发的地震称为诱发地震。这类地震仅仅在某些特定的水库库区或油田地区发生。

（5）人工地震。地下核爆炸、炸药爆破等人为引起的地面震动称为人工地震。人工地震是由人为活动引起的地震。如工业爆破、地下核爆炸造成的震动；在深井中进行高压注水以及大水库蓄水后增加了地壳的压力，有时也会诱发地震。①

3. 地震的危害及影响

（1）地震灾害。强烈的地震，会引起地面强烈的震动，直接和间接地对社会及自然造成破坏。直接破坏如由于地面强烈震动引起的地面断裂、变形、冒水、喷沙和建筑物损坏、倒塌以及对人、畜造成的伤亡和财产损失等。这种由地震引起的破坏，统称为地震灾害。

（2）次生灾害。地震次生灾害是指：由于强烈的地震使山体崩塌，造成滑坡和泥石流；水坝河堤决口造成水灾；震后造成瘟疫流行；引燃易燃易爆物造成火灾、爆炸；由于破坏管道造成毒气泄漏；细菌和放射性物质的扩散对人、畜生命造成威胁；等等。

（3）地震是引起火灾的原因。强烈地震发生后，随着房屋的倒塌，电网

① http：//www. gl. gov. cn/News/ArticleDetail. aspx？ articleid = 219431.

被破坏，煤气、油库、石油及天然气等易燃易爆危险品被破坏并遭遇明火而引起火灾。据历史资料记载，火灾是地震时最常见的一种次生灾害。

（4）地震时要注意水患。地震如果发生在沿海，能激起巨大的海浪，造成海啸。发生在水库附近时，则易造成坝堤震裂，出现意外的险情。如果水库决口，必将造成相当大的损失。

4. 地震前兆

地震前出现与地震发生有密切联系的各种异常现象都叫地震前兆。因此，地震是有前兆的。只有掌握一定的地震预兆知识，事先有一定准备，抓住预警时机，选择正确的避震方式和避震空间，才能有生存的希望。

（1）动物的行为异常。动物的神经比人类要敏感得多，地震发生前，地下运动会发射许多电磁波和次声波，从而刺激动物，使其中枢神经高度兴奋，促使动物在震前出现异常行为，如猫狗乱窜、老鼠乱搬家等。

（2）地下水异常变化。如井水水位突然上升或突然下降，或者是池塘的水变色、变味、冒泡等现象，往往也是地震的征兆。

（3）地光和地声。震前较短时间里，从地面到低空常常出现五颜六色的闪光，这是地震即将来临的信号；地震前，常常会从地下深处传来机器轰鸣声、雷声、炮声。这是一种临震征兆，而且多出现在震中附近。但是家长应告诉孩子，不能因为发现一种前兆，就盲目做出判断并随意扩散，应及时向家长或老师反映情况，当确定为征兆时，要尽快做好防震准备。

（二）防范地震的有效措施

对地震的预防及应对策略

我国是一个多地震国家，为了把地震灾害减小到最低限度，通过防震减灾科普教育，提高广大公民的防震减灾意识，掌握在地震来临时采取正确的应对措施是十分必要的。教育一个孩子，带动一个家庭，影响整个社会。大家都来提高国民的防震减灾意识，这是减轻地震灾害的有效途径。

（1）幼儿园开展讲座使儿童了解地震的知识，明确地震的危害，提高防震、避震的安全意识。初步掌握在家庭、学校等公共场所等日常生活中常用的防震方法，做到防患于未然。

（2）通过儿童家长会，向儿童家长宣传地震及相关预防知识，提高家长做好儿童安全工作的紧迫意识。请家长和学校老师共同做好儿童的预防地震教育工作。

（3）教师教会儿童了解和掌握地震时的应对策略：

幼儿园的避震

在发生地震时，由于幼儿园人数比较多，一旦发生地震，如果不能从容逃生，后果不堪设想。因此，一定要听从教师的安排，迅速逃生。

①正在教室上课时，如果楼层低，可迅速撤离；如果楼层较高，要在教师指挥下迅速抱头、闭眼，躲在各自的课桌下，并把书或书包放在头上，保护眼睛和头部。

②如果你在操场或室外，应跑到较为空旷的地方，或原地不动蹲下，双手保护头部，注意避开高大建筑或危险物。

③要避开窗户、玻璃橱窗、物品陈列柜等危险部位。

④同学之间要相互关爱，逃生时不要拥挤，要听从教师的指挥。

⑤如果被埋在废墟中孤立无援，应首先将身边的碎石杂物移开，以保持一定的活动空间。同时用砖块、木头等加固可能塌落的物体，尽量扩大和加固安全生存空间，防止余震发生时再次造成伤害。

⑥如果无法自救，要保存体力，等待救援。为了保存体力，千万不要乱喊、乱动、哭泣，要保持冷静，设法寻找水和食物，创造生存条件。如果外面有人走动或说话，应立即发出响声，寻找被救的机会。

⑦及时止血。如果有外伤，要先进行包扎止血，否则流血过多会降低体能，容易造成生命危险。安全提示：对于孩子来说，被废墟掩埋后，如果不能自行脱险的话，需要保持乐观的心态、积极的信念和勇气；悲观失望只能是难上加难，失去生存的机会。要采取积极的自救措施，同时要保存体力。饥渴程度上增强体力。掩埋在废墟下能否获救的关键在于，自己能否为营救赢得时间①。

家庭的避震

在家里发生地震时。大部分情况下，地震很突然，预警时间短暂，如果在室内，特别是在比较高的楼上，想逃出来的话不是很容易，而室内避

① 郑小兰.安全教育［M］.北京：朝华出版社，2009：118.

震更现实，房屋倒塌后室内形成的三角空间，往往是人们得以幸存的相对安全地点。因此，你在家中忽然遭遇地震时：

①迅速躲到炕沿下、坚固家具附近或内墙墙根、墙角；

②如果离厨房、厕所、储藏室等开间小的地方很近，可以迅速躲到里面；

③如果楼层较高，千万别跳楼，因为跳楼容易摔伤，再想逃跑就很困难了；

④不要到阳台上去，因为楼房晃动，很容易摔下去。

公共场所的避震

①听从现场工作人员的指挥，不要慌乱，不要拥向出口，要避免拥挤，要避开人流，避免被挤到墙壁或栅栏处。

②在影剧院、体育馆等处：就地蹲下或趴在排椅下；注意避开吊灯、电扇等悬挂物；用书包等保护头部；等地震过去后，听从工作人员指挥，有组织地撤离。

③在商场、书店、展览馆、地铁等处：选择结实的柜台、商品（如低矮家具等）或柱子边，以及内墙角等处就地蹲下，用手或其他东西护住头部；避开玻璃门窗、玻璃橱窗或柜台；应用随身物品保护住头部，然后迅速向坚固的大商品或墙壁边靠拢，但要避开商品陈列橱柜。

④在公共场所发生地震时，应听从现场工作人员的指挥，不要慌乱，不要拥向出口，要避免拥挤，避开人流，避免被挤到墙壁附近或栅栏处。

⑤如果你在行使的电车、汽车内，应抓牢扶手，以免摔倒或碰伤；同时应降低重心，躲在座位附近。

户外的避震

在户外发生地震时：

①就地选择开阔地避震，蹲下或趴下，以免摔倒；不要乱跑，避开人多的地方；不要返回室内；

②避开高大建筑物或构筑物，如楼房，特别要避开有玻璃幕墙的建筑、过街桥、立交桥、高烟囱、水塔等；

③避开危险物、高耸或悬挂物，如变压器、电线杆、路灯、广告牌、吊车等；

④避开其他危险场所，如狭窄的街道、危旧房屋、危墙、高门脸、雨篷下，砖瓦、木料等的堆放处。

避震要点

家长应该告诉孩子基本的避震规则。

①就近躲避，当地震来临时，如果不能迅速逃到空旷的地方，应就地避震蹲下或坐下，尽量蜷曲身体，降低身体重心；抓住桌腿等牢固的物体；保护头颈、眼睛并掩住口、鼻。待震后迅速撤离到安全地方。

②如果地震开始时不是很剧烈，应立即撤离到比较空旷的安全地带。

燃气泄漏时：用湿毛巾捂住口、鼻，千万不要使用明火，震后设法转移。

毒气泄漏时：遇到化工厂着火，毒气泄漏，不要向顺风方向跑，要绕到上风方向去，并尽量用湿毛巾捂住口、鼻。

遇到火灾时：趴在地上，用湿毛巾捂住口、鼻。地震停止后向安全地方转移，要匍匐，逆风而进。

地震时被埋在地下时应采取的措施

地震来临时，孩子往往因为慌乱而先行丧失了面对灾难的勇气和自救的信念，但勇气和信念往往是能激励一个人活下去的最基本的东西。地震发生后，我们面对突如其来的灾难恐慌是难免的，但恐慌毫无意义，唯有冷静下来，采取积极的自救措施，才能争取到生存的机会。

家长和老师一定要教育孩子，在面对突如其来的地震时，即使被掩埋，也要树立勇气和信心，积极自救。更要掌握地震中求生的秘诀。如果地震时被不幸埋在地下，要注意以下几点。

（1）不要惊慌，要沉着，要千方百计地保护自己，充满信心，相信会有人来救援。

（2）要保持呼吸畅通，要想尽一切办法挪开头部、胸口的杂物。

（3）如果能闻到燃气、毒气，要想办法用湿的衣服等物捂住口、鼻。

（4）要尽量想办法避开身体上方不结实的倒塌物和其他容易掉落的物体，扩大和稳定自己的生存空间，用砖块、木棍等支撑残垣断壁，以防余震发生后，环境进一步恶化。

（5）一定要保存自己的体力，向外发出呼救信号时如果没有回应，不要哭喊，因为这样会大量消耗精力和体力。要尽可能控制自己的情绪，听到外边响声之后要抓住时机发出求救信号，等待救援。如果嗓子已发不出声音，可用石块敲击能发出声响的物体，发出求救的信号。

（6）如果受伤，要想法包扎，避免流血过多。

（7）如果被埋在废墟下的时间较长，救援人员未到，或者没有听到呼救信号，要想办法维持自己的生命，尽量寻找食品和饮用水，必要时自己的尿液也可以用来维持生命①。

二、教学设计

【例1】

地震的危害及避震

（一）活动目标

（1）使幼儿了解地震形成的主要原因，地震给人类及环境带来的危害，掌握地震前兆及地震发生时应采取的保护措施，避免自己和他人受到伤害。

（2）在学习过程中学会应对各种情况下的突发性地震。

（3）通过学习，使幼儿在面对自然灾害的时候要树立积极的人生态度，正确的价值观念，掌握正确的自救方法。

（二）活动内容

地震的成因、危害以及地震的前兆及各种环境下的应急措施。

（三）活动课时

1课时

（四）活动准备

（1）教师收集地震相关案例，例如，文字资料、图片资料以及视频资料，制作内容丰富、生动形象的课件以辅助课堂教学。

（2）幼儿通过各种途径（如电视、互联网、父母教授）收集资料，谈

① 于帆、侯志伟. 儿童自我保护能力训练全书［M］. 合肥：安徽科学技术出版社，2011：192-193.

谈自己对地震的理解，以及自己的真实感受。

（五）活动过程

1. 创设问题情境，了解地震危害

（1）“小朋友在电视上有没有看过地震的新闻呢？或者有没有听过父母讲述过关于地震的知识呢？知道的小朋友们，请你们勇敢地站起来，谈谈自己知道的关于地震的知识”。

（2）学生谈谈自己对地震的了解，老师结合学生的讲述播放地震的录像。

（3）让幼儿观看地震录像，引出活动主题。

教师：老师今天带来了一段视频，小朋友们一起来看一看。

教师：刚才小朋友们看到的画面，你们知道是发生了什么事吗？（地震）

教师：你从哪些方面看出是地震？（教师引导幼儿从房屋破坏、地面裂开、人员伤亡等方面进行描述。）

教师小结：视频里面的地面剧烈的摇晃，移动，房屋一间一间地倒塌，人们纷纷窜逃，哭声喊声连成了一片。

2. 引导幼儿理解地震的含义

教师：你们知道为什么叫地震吗？（因为地震指的是剧烈的地壳运动，使地面迅速发生颤动。）你知道地震是怎么产生的吗？

教师小结：我们人类生活的地球的表现叫地壳，地壳不是静止不动的，它像一个顽皮的孩子总是不停地运动，为什么我们感觉不到地壳在运动呢？那是因为它运动得慢，如果他运动力气过大、过猛，地壳上的岩层就经受不住力的冲击发生断裂，于是出现了地震！

3. 结合挂图，了解地震所造成的危害

（1）教师：你们遇到过地震吗？你在哪里见过地震？

教师小结：我们这里没有发生过地震，但是在其他地方发生过大地震比如，我们中国唐山市在1976年发生过7.8级大地震，2008年在汶川县发生了8级大地震，2010年玉树发生了7.1级地震！在国外也经常发生地震，比如，前段时间发生在日本的震惊全世界的9级大地震！

（2）教师：地震时有什么景象，会给我们的生活带来哪些危害？（教师结合图片讲述）老师这里收集了一些地震后的图片，我们一起来看一看！

教师小结：地震了，会摧毁所有的房屋，地震还造成了山体滑坡；造成了桥梁中断；压死压伤了许多人；许许多多的人失去了亲人，无家可归，也有许许多多的小朋友成了孤儿！

4. 引导幼儿学习自救的方法

（1）教师：地震是分等级的，当大地震时地面、房屋明显地摇晃，不要多久就会山崩地裂！如果是小地震的话，我们就会感觉有一点点的震感，一般不会威胁到人们的生命财产安全！如果我们这里发生地震了，你们会怎么做呢？

教师小结：当发生大地震时，能跑就跑，“跑”是在地震发生初时，而且一定要跑到空旷的地方，四周不要有广告牌、电线杆等东西，以免倒下来时被砸到，跑的时候一定要抱着头，保护好头部。要是在短时间内跑不了，来不及跑了呢？那就“躲”，一定要躲在家中最小的房间里，如卫生间，厨房，结实的桌子下、床下等，切断电源、关掉煤气，等到地震过后及时撤离。

（2）教师：地震真是可怕的自然灾害！其实地震是可以预测的！

教师小结：像前段时间发生的日本的9级大地震，日本的科学家们就预测出来了，他们知道在几月几日在什么地方会发生地震，所以他们做好了充分的准备！大大地减弱了人员伤亡！而发生在我们中国的那几次地震呢！我们国家就没有检测出来！这可能是因为我们国家的科学还没有日本那么发达！所以孩子们要从小热爱科学，认真地学本领，长大以后为我们的国家做贡献！

（3）教师：如果是我们幼儿园发生地震我们该怎么办呢？

教师小结：如果是我们幼儿园发生了地震，在开始震动的时候，我们迅速抱着头有顺序地排着队，跑到下面操场的空地上去！跑的时候一定不能推，不能挤，沿着楼梯迅速地往楼下跑。

5. 拓展延伸

（1）小朋友们，你们知道地震前有哪些前兆？

（2）让幼儿结合教师的课件，谈谈地震前有什么预兆。

（3）教师进一步说明，虽然目前地震不能像天气那样进行预报，但地震发生之前总有一些蛛丝马迹可以观察到。人们根据长期观察，把地震前兆编成了儿歌。然后课件出示地震前兆歌谣。

震前有预兆，观测很重要；
牛羊不进圈，老鼠满街跑；
寒冬蛇出动，鱼儿水面跳；
井水变怪味，河水翻气泡；
地下发奇声，天空出光道；
天地多异常，人心起焦躁；
人人多留意，才能早预报。

6. 回顾小结，认识升华

师生共同小结：不要相信谣传，地震发生后不要惊慌害怕。自然灾害很多，地震只是其中的一种，无论遇到什么灾难，都要想办法战胜它，坚强地活下去。人的生命是最宝贵的，要珍惜我们宝贵的生命。

【简要评析】

对幼儿进行安全教育，保证幼儿的安全。因为生命是第一位的，地震破坏性大，给人们造成的伤痛是无法忘记的。而我们的幼儿年龄小，只有通过各种感官才能印象深刻地了解地震的有关常识，懂得自救的方法。这一关于地震的教学设计是教师在课堂对幼儿进行地震有效预防教学的过程。在教学方法上，教师运用了一系列有关近些年地震的图片、案例、视频、歌谣以及现场模拟等生动逼真的教学手段，让学生们在更真实、更具体的教育教学过程中熟悉和掌握必要的地震相关知识。在教学内容上，不仅讲到了地震产生的原因，如何预防等基础性知识，还增加了地震前兆知识的拓展，使幼儿习得更多地震常识。

【例2】

地震相关知识及其预防与应对

（一）活动目标

（1）引导了解地震的危害，了解地震的前兆以及地震发生时我们应采取的措施。

（2）从地震的情境中感受地震的破坏力，在具体的活动中培养幼儿反应能力和安全意识。

（二）活动内容

地震的形成、危害及预防和应对措施。

（三）活动课时

1 课时

（四）活动准备

（1）有关地震时哪里藏的课件。

（2）家庭，影院，超市，户外，野外五个模拟场地。

（3）地震怪头饰一个。

（五）活动过程

1. 情境导入

利用多媒体课件，听声音，看图片，说说图中发生了什么？

2. 新课研究

（1）引导幼儿提出探究问题。

（2）教师简单介绍地震是什么。

（3）在场景中选择安全的地方。

10 秒钟帮明明找个安全的藏身之处，如果找到安全的地方就会出现好听的音乐，还会说“祝贺你，找到了正确的藏身的地方”。如果找错了就会“哐”敲头音乐，还会说你选择的地方很危险，重新找。

（4）游戏：地震来了哪里藏。

玩儿法和规则：在不同的场景里，听到地震的声音表示地震来了，赶快找个安全的地方藏身，等音乐停了就不要动，老师戴上怪人头饰当“地震怪”，只捉躲在危险的地方的孩子，然后吃掉。

3. 知识拓展

经过这节课的探究，相信小朋友们对地震有了很多新的认识，小朋友们还有什么想法或疑问提出来吗？（小朋友提想法和疑问）看来关于地震还有许多值得我们继续探究的问题，课下继续探究吧。老师相信不久的将来，我们一定可以战胜“地震怪”哦。

4. 课堂小结

本节课真是收获不少，小朋友们学到了许多有关地震的知识。希望今天这节课小朋友们不仅仅知道地震的成因及危害，更重要的是要懂得遭遇地震的时候学会保护自己，这才是老师最想要大家学习的东西！

【简要评析】

本课以地震作为探究对象，在教师介绍了基本的地震知识后采取游戏的方式进行不同场景的面对地震的方法，在教学中注意引导幼儿主动进行选择，鼓励幼儿自己提出问题，极大地调动了幼儿的参与热情。在活动中除了能学到一些了解地震灾害，进行自救的知识外，还注意突出培养幼儿助人、合作等良好品质。活动让幼儿从小就懂得生存要历经磨难，要坦然面对，不要怕，而且要掌握一定的知识，学会抵抗，学会战胜自然灾害。在教学中还注意利用视频资料和图片再现了地震时的场景，让幼儿亲身感受地震来临时的情景和破坏力，激发幼儿探究科学的兴趣和欲望。

三、教学素材

相关案例

2008年5月12日，是沉重的一天，四川汶川发生了里氏8.0级特大地震。在这突如其来的灾害中，4万多与我们血肉相连的同胞失去了生命，与他们厮守了一辈子的家园瞬间化为灰烬。在这次四川汶川大地震中，许多中小学生罹难。

2010年4月14日上午7时49分，青海省玉树藏族自治州玉树县发生两次地震，最高震级7.1级，地震震中位于县城附近。青海玉树地震规模较大，造成2 698人遇难，其中已确认身份2 687人，无名尸体11具，失踪270人。部分学校小学生被埋，遇难学生199人。

2014年5月24日4时49分，云南省德宏傣族景颇族自治州盈江县发生5.6级地震。截至14时，地震已造成13人轻伤，震中区民房倒塌、损坏9 688间、36所学校不同程度受损。31.1万人不同程度受灾。

2014年8月3日16：30，云南昭通市鲁甸县龙头山镇发生6.5级地震。巧家民政局最新统计核实：地震已致巧家死亡26人，受伤79人。沙坝村沙坝小学还有一名小学生被埋，据曲靖市地震局报告，云南鲁甸6.5级地震致会泽县4人死亡。

四、知识链接

我国关于自然灾害的部分法律法规

(一)《地质灾害防治条例》

为了防治地质灾害，避免和减轻地质灾害造成的损失，维护人民生命和财产安全，促进经济和社会的可持续发展而制定。2003年11月19日国务院第二十九次常务会议通过，2003年11月24日国务院令第394号公布，自2004年3月1日起施行。全文共七章四十九条。

《地质灾害防治条例》主要确立了如下三项原则：

一是“预防为主、避让与治理相结合，全面规划、突出重点”的原则；二是“自然因素造成的地质灾害，由各级人民政府负责治理；人为因素引发的地质灾害，谁引发、谁治理”的原则；

三是地质灾害防治的“统一管理，分工协作”的原则；国务院国土资源主管部门负责全国地质灾害防治的组织、协调、指导和监管工作。国务院其他有关部门按照各自的职责负责有关的地质灾害防治工作。

《地质灾害防治条例》还就地质灾害防治管理规定了各级人民政府必须采取的五项防灾措施：

一是国家建立地质灾害监测网络和预警信息系统。

二是县级以上地方人民政府要制订年度《地质灾害防治方案》并公布实施。

三是县级以上人民政府要制订和公布《突发性地质灾害的应急预案》。

四是县级以上人民政府可以根据地质灾害抢险救灾工作的需要成立地质灾害抢险救灾指挥机构，在本级人民政府的领导下，统一指挥和组织地质灾害的抢险救灾工作。

五是地质灾害易发区的县、乡、村应当加强地质灾害的群测群防工作。①

（二）《中华人民共和国突发事件应对法》

《中华人民共和国突发事件应对法》由中华人民共和国第十届全国人民代表大会常务委员会第二十九次会议于2007年8月30日通过，自2007年11月1日起施行。该法共七章七十条。下文为部分法条。

第四十九条 自然灾害、事故灾难或者公共卫生事件发生后，履行统一领导职责的人民政府可以采取下列一项或者多项应急处置措施：

（一）组织营救和救治受害人员，疏散、撤离并妥善安置受到威胁的人员以及采取其他救助措施；

（二）迅速控制危险源，标明危险区域，封锁危险场所，划定警戒区，实行交通管制以及其他控制措施；

（三）立即抢修被损坏的交通、通信、供水、排水、供电、供气、供热等公共设施，向受到危害的人员提供避难场所和生活必需品，实施医疗救护和卫生防疫以及其他保障措施；

（四）禁止或者限制使用有关设备、设施，关闭或者限制使用有关场所，中止人员密集的活动或者可能导致危害扩大的生产经营活动以及采取其他保护措施；

（五）启用本级人民政府设置的财政预备费和储备的应急救援物资，必要时调用其他急需物资、设备、设施、工具；

（六）组织公民参加应急救援和处置工作，要求具有特定专长的人员提供服务；

（七）保障食品、饮用水、燃料等基本生活必需品的供应；

（八）依法从严惩处囤积聚集、哄抬物价、制假售假等扰乱市场秩序的行为，稳定市场价格，维护市场秩序；

（九）依法从严惩处哄抢财物、干扰破坏应急处置工作等扰乱社会秩序的行为，维护社会治安；

---

① http：//baike. baidu. com/link？url = pOt0NZhzy481dvcvS _ 2u7JyrC19b3U3Lxzu3IAJ _ aS9SDji8jCjYwSjlQG1fI2YgFuz2zg13EkVcDsBeVafGvK#3_3.

（十）采取防止发生次生、衍生事件的必要措施。

严重危害社会治安秩序的事件发生时，公安机关应当立即依法出动警力，根据现场情况依法采取相应的强制性措施，尽快使社会秩序恢复正常。[①]

---

① http：//baike. baidu. com/link？ url = 6Q6ES6G – iEXmPsDwmNNAMdE – hHbbtwwKlEifrDtt – I9x2AtFWvxlvMgvVhF4FKCB5TYtGr9Rdymg6fvVSiwJO_#2_5.

第五部分

预防和应对影响幼儿安全的其他事件

内容提要

本部分针对幼儿身边存在的微小却重要的隐患进行讲述，对玩具、游戏的选择做了具体的介绍，同时针对幼儿分辨能力弱的特点，对幼儿身边的异物会带来的危险如何发现和预防进行了介绍，要求教师及家长学会挑选玩具，带领幼儿做合适的游戏，同时防止幼儿身边可能出现的安全隐患，让儿童更加健康地成长。

第一课 儿童玩具选仔细

一、教学内容

玩具是幼儿的天使，但是在玩具的选择上，要为儿童选择卫生合格的玩具，选择同年龄合适的玩具，同时要教会儿童科学地应用玩具，同时也要注意玩具也存在危险。

（一）儿童玩具都有哪些种类

儿童玩具通常根据儿童的特定年龄段来设计和制造，主要依据是儿童的年龄和智力阶段。儿童玩具的使用一定要与儿童的智力发展水平及特点相符合，更好地开发智力。

1. 年龄段分类

儿童玩具具有颜色鲜艳、声音丰富、易于操作的特点，基于这些特点，儿童的注意力很容易被吸引到儿童玩具上来。但是不同时期的儿童具有不同的特点，同时儿童处于不断成长的不稳定时期，他们易于改变爱好，变得“喜新厌旧”。所以，挑选玩具要以儿童年龄段为标准，挑选最为合适的。通常，儿童玩具店按儿童年龄段细分玩具，如按1~2岁、3~5岁的儿童。

（1）1~2岁。1岁的幼儿会拿笔涂鸦，会一页一页地翻书，并能认出图形，放入模型中；同时，这段时期儿童开始学习使用刀叉和碗筷；在1岁半的时候，幼儿开始有穿珠的欲望。1~2岁的幼儿开始会走路了，更加活泼好动，这时期是感觉、知觉以及注意力和记忆力发展较快的时期。

（2）3~5岁的孩子。3岁时的幼儿，对组合构造概念已较为清楚，幼儿在堆积过程中明白了前后的因果关系，所以可以堆积较高的积木。

对于3~5岁的儿童，可选择搭建类玩具，印有字母、数字的积木、玩具娃娃、毛绒玩具、玩具汽车、童车、简单的拼图和棋盘游戏、图画用品、电动玩具。①

2. 材质分类

具体来说，幼儿玩具可以分为以下 10 种。

（1）拼图玩具类。提高儿童的认知能力、分析能力、想象力，培养幼儿的成就感。

（2）游戏玩具类。在提高儿童认知能力的基础上，培养孩子的动手、动脑能力，开发他们的思维、锻炼操作技巧和手眼协调的能力。

（3）数字算盘文字类。在训练孩子镶嵌能力的同时，进行大动作的练习，训练幼儿的精细动作，启发孩子对形状、数、量的准确理解，进而锻炼肌肉的灵活性。

（4）工具类。主要让儿童认识、掌握各种工具的形状、颜色和构造，在这一过程中训练孩子的实际操作能力和手眼协调能力，开发想象力。

（5）益智组合类。培养孩子的空间想象能力及精细动手操作能力，从而加深对时间、动物、交通工具和房屋形状、颜色等方面的理性理解。

（6）积木类。激发孩子们的动手兴趣，培养幼儿合理组合搭配的意识和空间想象能力；巧妙的拼搭设计，锻炼儿童的思维创造能力，鼓励孩子的创作成就感。

（7）交通玩具类。通过提高儿童对火车、汽车及各种工程车构造的认知和了解，在此基础上训练其组装、拼搭和整理的能力，提高动手意识和生活自理能力，并通过拼搭了解物体之间的变换关系。

（8）拖拉类。提高孩子们的认知能力，根据不同的拖拉动物，让其知道各种动物的不同特点，锻炼他们在大范围内的行走能力。

（9）拼板玩具类。由各种形状各异、内容丰富的拼板组成，在儿童对图形的组合、拆分、再组合有一定认知的基础上，锻炼其独立思考的能力，同时培养他们的耐心和持之以恒的精神。

（10）卡通玩偶类。需要一些陪伴儿童们的娱乐型玩具，而造型可爱

---

① 摇篮网：http：//www.yaolan.com/edu/201502121853094.shtml.

的卡通玩偶则是孩子们广为欢迎的。[①]

（二）如何分阶段为幼儿选择玩具

1. 1 ~2 岁幼儿

这个阶段的幼儿身体具有活动自如的特征。同时，这时幼儿的运动和感觉能力提高，多数幼儿已经学会走路，活动能力大大增强。此时可为幼儿置备一些玩具电话、皮球、画板、写字板等；稍接近两岁的幼儿，适合玩智力积木、小动物、交通工具、图书等提高认知能力和语言能力的玩具。

2. 2 ~3 岁幼儿

这个阶段的幼儿智力开始大幅度增长，因这个时期的幼儿行走已经不会出现问题，因此开始热衷于“搬家”的游戏，他们对一些智力游戏开始产生兴趣。此时，幼儿非常适合拼接、拼搭类的玩具。字母、单词、写字板同样适用；幼儿也开始对逻辑推理类玩具感兴趣了。总之，这个阶段的儿童需要一个学习的环境。

3. 3 岁及以上幼儿

这个阶段的幼儿开始出现独立自主的身体特征。因为这个阶段的幼儿已经能够行走自如，智力玩具依然是必需的。另外，3 岁的幼儿可以开始锻炼体育运动能力。如保龄球、三轮车、溜冰鞋、各种球类玩具、绳套、汽车等体育运动类的玩具都比较适合这时候的儿童玩要。此时，玩具也开始显示出性别上的区别了。

（三）挑选玩具的注意原则

1. 一定要检查玩具的商标

安全合格的玩具，它的商标上应该有生产厂家的名字、厂址、生产日期、制作材料、适合年龄段、安全警示语、执行标准号、产品合格证等详细信息。尤其要注意涂有油漆的玩具，要看一下它是否有安全检验合格证，使用的油漆是否达到了安全无毒的标准，颜色越是鲜艳的玩具越要注意它的含铅量，幼儿习惯于用口腔感知玩具，同时要闻一闻它是否有异味，对于有异味的玩具坚决抵制。

---

① 百度经验：http：//jingyan. baidu. com/article/642c9d34a2b282644a46f725. html.

2. 要仔细观察玩具的形状

看一看玩具表面是不是有缺口、棱角，看看它是否有锐利的角、尖、边等。对于那些带有绳索的玩具，如小电话、拖拉玩具等，要看一下绳索的长度，不要超过30厘米。

3. 要查看玩具的牢固程度

首先，可以晃一晃玩具，看看它的各个部件是否牢固，会不会掉下来。也可以拉一拉玩具上的小附着物，如绒毛玩具上的眼睛、鼻子、小纽扣等，看看这些附着物是否牢固。在挑选电动玩具时，要仔细检查电池盒是否被安全固定，四周是否光滑。同时最好不要给3岁以下的孩子买弹射玩具，因为这类玩具容易造成幼儿的人身安全隐患。

4. 在挑选毛绒玩具的时候要慎重

不要给过敏体质的孩子购买绒毛玩具、布艺玩具，特别是长毛绒玩具。如果父母或者其他家人有过敏性疾病的话，更要及早预防，请让孩子远离绒毛玩具。因为玩具容易滋生大量细菌，所以挑选时尽量选择一些比较容易清洗的玩具，毛绒玩具更容易滋生细菌，所以毛绒玩具要及时清洗，注意收藏环境。同时，最好不要买由泡沫塑料或者其他一些由比较容易被孩子撕破或者咬碎的材料做成的玩具。另外，最好不要让孩子玩乳胶气球，因为没吹开的气球对孩子是一种威胁，孩子很容易把它吃下去。

二、教学设计

【例1】

整理玩具

（一）活动目标

因为幼儿经常在室内玩一些中、小型玩具，有时会出现将玩具散落在地的现象，如不及时收拾玩具，有可能导致幼儿绊倒、滑倒等，所以教师要让幼儿懂得玩具掉在地上要及时捡起来，以避免伤害事故的发生，同时培养幼儿收拾玩具、物归原处的良好习惯。

（二）活动内容

教师要让幼儿学会对玩具进行分类，了解玩具按类别收纳的益处，同时要让幼儿了解不及时收纳玩具的危险，正确地把玩具收起。

(三) 活动课时

1 课时

(四) 活动准备

(1) 教师要准备如何对玩具进行分类，以及如何正确地将玩具收纳的知识。

(2) 教师要收集关于玩具收纳的视频、图片等资料。

(3) 雪花片、积木、小汽车、小飞机等各类玩具。

(五) 活动过程

1. 创设问题情境，了解玩具可能存在的危害性

(1) 小朋友们身边必不可少的就是玩具了，可是你真的了解玩具吗?

(2) 展示完玩具的图片后，找一名幼儿谈谈自己对玩具的了解。

(3) 教师展示各种玩具，让幼儿说一说各种玩具有什么特点、有什么直观的感受。

2. 课堂讨论

(1) 小朋友们，你们知道玩具也会给身体带来危险吗?

(2) 让幼儿结合生活常识和从父母方面学到的知识，谈谈玩具可能有什么巨大危害性。

(3) 教师进一步说明，虽然玩具会造成巨大的危害，但只要选择合适的玩具，正确地使用玩具，合理地收纳玩具，恰当地保存玩具，就可以避免很多危险的发生。

3. 自主学习，合作探究

(1) 故事:“小红最喜欢她的毛绒熊玩具，她把玩具熊叫作小熊。她的父母不在家的时候，她经常会搂着玩具熊睡觉。可是时间久了，小红开始生病了，后来她的父母发现，原来是小熊把病传染给了小红。”

(2) 小朋友们讨论小红为什么会被小熊传染了疾病。

(3) 教师引导学生讨论玩具存在的各种危险性。教师随学生的回答板书，同时强调指出，不合理玩儿玩具会引发的严重后果。让孩子了解到如果不及时对玩具进行清洁，会使玩具充满细菌，引发各种疾病。让孩子们跟随家长们挑选适合孩子的玩具，教会孩子们如何玩儿玩具，还要合理地

收纳玩具，最后要及时地清理玩具。

(4) 教师把每种玩具可能存在的危害性分别给学生们介绍。

(5) "小朋友们真厉害！现在我们一起来清理各种玩具，并把它们放到合适的地方。"

(6) 孩子们分成不同小组，在老师指导下进行分组演习。

(7) 小组展示完后说说自己为什么要这样做？孩子们进行互评，教师引导，加深孩子们的印象。

4. 拓展延伸

(1) 小朋友在玩玩具时有玩具掉在地上了，应怎样做？为什么？

小结：小朋友在玩玩具时，要把掉在地上的玩具及时捡起来，不然会绊倒、滑倒其他小朋友。玩具玩儿完了应该收拾好，轻拿、轻放，把玩具放回原处。

(2) 学习儿歌《收好玩具我最棒》。

①教师根据儿歌内容自编动作，一边表演一边朗诵儿歌。

玩具玩具我爱你，天天和我做游戏。轻轻拿，轻轻放，收好玩具我最棒。

②引导幼儿跟随教师边表演边学习朗诵儿歌。

(3) 幼儿实际操作进行巩固。

教师组织幼儿玩儿玩具，提醒幼儿及时捡拾玩具，指导并教给幼儿收拾玩具的方法，引导幼儿玩儿完玩具后要放回原处，对做得好的幼儿给予鼓励、表扬。

5. 回顾小结，认识升华

师生共同小结：要正确认识玩具，并带领孩子们正确地玩儿玩具，教会他们玩具应该放置的位置，以及要意识到玩具应该及时清洁，不然会滋生细菌，导致他们生病。

【简要评析】

这个关于整理玩具的教学设计是教师在课堂对儿童进行玩具相关知识的教授过程。在教学方法上，教师运用诸多玩具的图片、玩玩具的案例、视频等生动逼真的教学手段，让孩子们在更真实、更具体的教育教学过程中熟悉和掌握必要的相关知识。在教学内容上，不仅讲到了玩具应该如何挑选，如何正确地玩玩具，还通过游戏的方式教会孩子们如何清理玩具、归置玩具。这样既丰富了孩子们对于玩具的相关知识，同时将这些知识生动地输入孩子们的脑海中。本教学设计不仅起到预防玩具可能带来危害的这一教育目的，而且教授了孩子其他相关的预防措施，是极具典型意义的玩具归置的教学设计。

【例2】

安全滑滑梯

（一）活动目标

（1）滑梯作为一种公共玩具，儿童应学会采用正确的方法玩儿滑梯。

（2）让儿童懂得用不正确的方法玩儿滑梯易造成伤害，初步培养幼儿的安全意识。

（二）活动内容

让幼儿学会正确地玩儿滑梯，培养幼儿的安全意识。

（三）活动课时

1课时

（四）活动准备

小猴头饰若干，照相机。

（五）活动过程

1. 情境导入

（1）教师展示滑梯的图片，并请学生们谈谈平时是如何滑滑梯的。

（2）教师引导学生讨论平时滑滑梯遵守的规则。

（3）展示同学们玩儿滑梯时，发生危险的视频。教师向学生们提问："小朋友们，为什么他们滑滑梯时发生危险了呢？"

（4）学生们分组讨论。

2. 角色扮演

（1）教师讲故事——《小猴滑滑梯》。

（2）提问：

教师："刚刚小猴是怎么滑滑梯的？"

给每个孩子戴上小猴幼儿头饰，老师戴上小猴妈妈的头饰。

(3) 导入活动，激发兴趣。

小猴妈妈："今天天气真好，妈妈现在带你们出去玩儿滑梯。"

向幼儿介绍滑梯及其玩儿法，提问：我们怎么玩儿滑梯呢？请几名幼儿滑一下（纠正幼儿玩儿滑梯时的不正确姿势，老师正确示范，然后再请幼儿练习）。

人多的时候应该怎样玩儿滑梯？

小结：玩儿滑梯人多时要先排好队，一个接着一个，不拥挤推拉。从楼梯这边上去两手扶好了，一层层地往上爬。眼睛看好楼梯，爬到顶，坐稳后，两手扶着滑梯两边，两条腿并拢，再滑下来。如果不这样好好玩滑梯，做不正确的动作，就容易发生危险。

幼儿练习玩滑梯，教师指导幼儿按正确的方法玩儿滑梯。

小猴妈妈："刚才我们看了小猴妈妈滑滑梯，你们会不会像它们那样玩儿?"

小猴妈妈："孩子们，你们想不想再玩儿一遍？这次，你们玩儿的时候，妈妈给你们每个拍张照，看谁滑得好。"（及时纠正幼儿不正确的动作，鼓励幼儿用正确的方法玩滑梯）

3. 课堂小结

本节课真是收获不少，我们学到了许多有关滑梯的知识，希望今天这节课我们不仅仅知道滑梯会产生的危险，更重要的是要懂得生活中会带来的危险，在玩乐中注意安全，健康快乐地成长。

【简要评析】

本课以如何滑滑梯作为探究对象，引领幼儿掌握滑滑梯中可能存在的危险，掌握安全玩乐的原则。在教学中注意引导幼儿根据已有的生活经验，主动建构、接受知识，鼓励学生自己提出问题，并大胆猜想，提出自己的观点，提高幼儿的自主思考能力。在教学中还注意利用视频资料和图片再现玩玩具的场景，让幼儿亲身感受玩具可能存在的危险以及如何正确地玩玩具，激发幼儿探究科学的兴趣和欲望。在教学的同时，为每个孩子提供自主学习、自主发展的空间，同时也调动了孩子们的研究热情。

三、教学素材

相关案例

PIRG 教育基金会是一个独立的研究集团，在30年内致力于对玩具安全进行调查。根据该组织的说法，今年调查的玩具当中有些产品可能带来阻塞窒息风险，有些玩具的有毒物质含量超过了美国相关标准，还有一些玩具会发出可能损害儿童听力的过大音量。

据介绍，目前在美国这类具有危害的玩具依然随处可见。

近几年来，该组织的调查报告已经导致超过150种玩具产品被迫召回，也促进了一些规章制度的出台。在今年的报告中，PIRG 教育基金会的调查中发现一些玩具存在以下可能的危害。

(1) 含有铬元素，可能造成包括皮肤红肿和溃疡在内的过敏反应。

(2) 含有邻苯二甲酸盐，可能对男性生殖系统发育造成损害。

(3) 玩具含有体积较小可能阻塞气管的部件。

(4) 直径小于4.5厘米可能给3岁以下儿童带来阻塞风险的球体玩具。

(5) 在吹气过程中可能被不慎吸入的面向幼儿的气球（根据该小组的报告，气球所导致的阻梗窒息案例高于其他任何儿童玩具)。

(6) 不慎吞下后可能贯穿消化道壁造成死亡的磁铁。

(7) 可能导致听力损害的大音量玩具。

PIRG 教育基金会提醒，父母们在给子女购买玩具前应该对玩具的安全风险具有一定的了解，并且不能够轻易认为在正规商场售卖的玩具就一定安全。①

四、知识链接

中国玩具法律法规

中国与玩具产品有关的法律法规主要是依据《中华人民共和国产品质量法》和《中华人民共和国进出口商品检验法》来制定的。玩具产品必须

① http://j.news.163.com/docs/30/2015113009/B9LLC2OU05148B9C.html.

符合所有相关法律法规的要求，才可进入中国市场。截至2009年12月，中国与玩具相关的法律法规如下表所示。

表 中国与玩具相关的法律法规

序号	名称	适用范围	颁布和实施日期	颁布机构	状态
1	产品质量法	所有在我国生产、制造及销售的产品，包括玩具	于1993年2月22日公布，1993年9月1日起实施，2000年7月8日公布修正本	全国人民代表大会常务委员会	现行有效
2	进出口商品检验法	是我国对进出口商品进行管理的法律，适用于对布绒玩具、竹木玩具、塑胶玩具、乘骑玩具、童车、电玩具、纸制玩具、类似文具类玩具、软体造型类玩具、弹射玩具、金属玩具等11类进出口玩具产品的管理	1989年2月21日公布，1989年8月1日正式实施；2002年4月28日公布修正本，2002年10月1日起实施	全国人民代表大会常务委员会	现行有效
3	进出口商品检验法实施条例	它是我国对进出口商品进行管理的实施条例，适用于对布绒玩具、竹木玩具、塑胶玩具、乘骑玩具、童车、电玩具、纸制玩具、类似文具类玩具、软体造型类玩具、弹射玩具、金属玩具等11类进出口玩具产品的管理	根据《中华人民共和国进出口商品检验法（2002年修正）》制定，于2005年8月31日公布，2005年12月1日起实施	中华人民共和国国务院	现行有效

续表

序号	名称	适用范围	颁布和实施日期	颁布机构	状态
4	标准化法	适用于工业产品，包括玩具产品	1988 年 12 月 29 日公布，1989 年 4 月 1 日起实施	中华人民共和国国务院	现行有效
5	认证认可条例	适用于在我国境内从事认证认可的认证机构、认证活动、认可活动	2007 年 9 月 3 日公布，自 2007 年 11 月 1 日起施行	中华人民共和国国务院	现行有效
6	强制性产品认证管理规定	适用于国家统一规定的产品目录中的相关产品，包括玩具产品	新《强制性产品认证管理规定》于 2009 年 7 月 3 日发布，9 月 1 日起实施	国家质量监督检验检疫总局	现行有效
7	玩具产品强制性认证实施规则	适用于童车、电玩具、塑胶玩具、金属玩具、弹射玩具、娃娃玩具六类产品	自 2007 年 6 月 1 日起强制实施	中国国家认证认可监督管理委员会	现行有效
8	进出口玩具检验监督管理办法	适用于在我国从事进出口玩具的生产、经营企业及检验检疫机构	于 2009 年 3 月公布，自 2009 年 9 月 15 日起施行	国家质量监督检验检疫总局	现行有效
9	进出口玩具检验管理规定	适用于布绒玩具、机械玩具、电动玩具、塑料玩具、充气玩具、木制玩具、童车以及列入种类表内的其他进出口玩具	于 1996 年 5 月 27 日颁布，颁布之日起生效	原国家进出口商品检验局	现行有效
10	儿童玩具召回管理规定	适用于儿童玩具	于 2007 年 8 月 27 日发布实施	国家质量监督检验检疫总局	现行有效

续表

序号	名称	适用范围	颁布和实施日期	颁布机构	状态
11	儿童玩具召回信息与风险评估管理办法	适用于儿童玩具	于2008年1月31日颁布实施	国家质量监督检验检疫总局	现行有效

①

① http：//www. wjyt－china. org/html/News/109003002/1846. html.

第二课　小心翼翼做游戏

一、教学内容

游戏是幼儿的主要活动，幼儿园教师要教会儿童注意在游戏的过程中也有危险，要教育孩子们如何能够更安全地做游戏，同时通过做游戏来确立儿童的安全意识。

（一）危险游戏

1. 气弹枪、弹弓、弓箭威力惊人

从以前到现在，拿着土制弹弓或者“高大上”的气弹枪，追逐嬉闹，上演真人 CS 的场景层出不穷，抑或“砰砰砰”地将灯泡全部打爆。可是儿童常常不知这类玩具有多危险，各地报道气弹枪能击穿 17 层厚的 A4 纸，或者将其他孩子眼睛打瞎等的新闻屡见不鲜。对于这类危险游戏，应该合理地选择。

2. 意外突袭

小同学课间打闹是常事，可是这也需要把握一个尺度。如果是从背后“突然袭击”，在注意力不防备的情况下，很有可能造成意外伤害。所以，小朋友课间玩耍的时候一定要避免“突袭”。

3. 把玩玻璃等易碎玩具

玩具有很多种，玻璃制品如水晶球等看着美轮美奂，在手中把玩确实让人爱不释手，可是这类易碎且易划伤的制品，一旦破碎会给人的身体造成伤害。

4. 摔跤、打闹等暴力游戏

现在的电视节目里时不时地会出现一些暴力场景，孩子有意无意地会看到，这些场景对他们或多或少产生了影响，小伙伴之间，特别是小男孩之间，总是喜欢打打闹闹，不是吵架，纯粹是为玩耍，这类游戏极容易导致儿童情绪激动，甚至造成身体上的伤害。

5. 化学制品“果冻”

“果冻”软塌塌的难道也会有危险吗？这里所说的果冻可不是我们吃的果冻，而是街边小摊上类似于果冻的软塌塌的玩具，这些玩具大多为化学制品。该类产品，看着可爱，但是真的不能误食，会伤及身体。儿童要知道这些东西的危害，要正确地用它来做游戏。

6. 系吊、捆绑类游戏

儿童由于好奇等原因在密闭空间里玩系吊游戏，结果发生了许多惨案，系吊、捆绑类游戏，稍不小心，便会发生悲剧，儿童要避免玩儿这类游戏。

（二）较为安全的游戏

1. 适合低龄幼儿的游戏

（1）捏橡皮泥。这是一种非常受欢迎的游戏，橡皮泥是所有幼儿的一个主要玩耍用品，同时由于橡皮泥制作工艺的简单性，适合大部分情况下，用于游戏，它可以培养幼儿的动作控制力和想象力。

（2）追动物。幼儿们喜欢被追赶，特别是如果他们知道自己被抓到后，就会得到一个大大的亲密拥抱。这个游戏也是培养小朋友毅力的一种好方法。它既锻炼了小朋友的体力，同时也提升了他们身体的灵活性，同时此项游戏不需要准备任何辅助玩具或者道具。

只需要先定好教师（或家长）和小朋友们各自要充当什么动物，如果觉得有趣，可以选择区别很大的动物。一只咆哮的狮子和一只乱跑的老鼠，或者一只蹦蹦跳跳的兔子和一只咯咯叫的母鸡，也可以是一条令人发痒的章鱼和一条“嗽嗽”作响的鱼。温馨提示是：一定要记得抓到小朋友们后，给他们一个大大的拥抱和热情的亲吻，并且还要再咯吱他几下。

（3）食物画。如果幼儿对艺术的热情正在蓬勃发展，那么考虑为他的绘画增添些新材料。选用干燥的、各种形状的干面条或麦片，小家伙就能用他的想象力创造出自己的杰作来。这项活动有利于培养幼儿的想象力、精细动作的控制力等，同时只需要准备颜料、纸、固体胶棒或胶水、不同形状的干面条、麦片等物品，简单易操作。

游戏流程是先铺些报纸以保护工作台的表面，然后在纸上抹些胶水，设计出图案来，幼儿就可以粘面条或麦片了。等这些材料干了以后，就可以开始上色了。无论完成品是什么样子，但它一定是一件非常奇妙的三维艺术品，发挥孩子们最丰富的想象力。

2. 较为安全的传统游戏

（1）踢毽子。踢毽子是儿童特别是女孩的主要游戏项目。毽子用鸡毛作为上部，小圆铁板或铜钱作“底垫”，以布相包扎而成。玩耍时，由一名或数名儿童，以脚尖、脚后跟相踢，数多不失误者为优胜。

（2）跳坊（房）。在地上画若干线条，分成片块，两行，每行四至六块，两孩童以单腿跳，或脚夹瓦片跳，跳时数数字，不掉瓦片，以多为胜。

（3）打陀螺。陀螺俗名“猴”。以寸木削尖一头，形似圆椎形，卷上鞭子甩地而打，边打圆椎边转，以时间长、不倒为优胜，可单独进行，也可成群相赛。

（4）抓子。以石子、瓦蛋、泥蛋等为子（码），一手抓完，摔至空中，约近尺高，然后用手全接，或翻手以手背相接，以不掉为胜，抓子时可留子，在扔空时，迅速抓住遗子并接住空子（空中甩上的子），以不掉为胜。一般抓子，多为女孩相耍。

（5）翻交交。两儿童，甲儿童以线圈在两手绷紧，在双股线中间，乙儿童用双手无名指相勾，翻倒到自己双手中，然后甲童又翻交到自己手中，反复多次，翻成“剪子交”“牛槽交”“拉锯交”“四股线交”等交子花，以此游戏赛智能。

（6）丢手帕。群童围成圈，头向内，不外看，由一儿童拿手帕在身后转圈，丢到谁后面发现不了时，即起身换位，依次为戏。

（7）捉迷藏。群童围圈，一儿童蒙眼，双手摸人，摸住谁即胜，该儿童再蒙眼摸人；或有一物件，由某儿童掌握，一人摸捉，摸到人，说“不是”，即另摸，直到摸获应“是”为谁，即换这位摸到的孩童。

（8）老鹰抓小鸡。群童戏，扮老鹰者不化妆，其他均扮作小鸡，不化妆，由“老鹰”抓“小鸡”，抓谁，谁即避，但不能跑远，以抓到为胜。

（9）双拍手。两童互相以手心对手心，交叉拍念口歌，如“我拍一，你拍一，一个鸡娃吃米米……”依次类推，由一到十，各地有各地儿歌，以不乱为胜。

（10）打嘎。打嘎，是儿童的一种体育活动，时而青少年也耍。有两人对打，也有四人六人分成集体打的。所打的嘎，是不到约二寸长的短小棍［不同于各地所打的“猴”（一头尖）和“尜”（两头尖）］用略长于一尺和嘎同样粗细的短棍儿，叫“嘎桃子”去打。打时挖一个与“嘎”等长的浅坑叫“嘎窝”，将“嘎”放入，下压一个二寸长、半寸宽的小木片，叫“嘎别儿”。

（11）打弹珠。打弹珠，又称“打玻璃珠、弹玻璃球、弹球儿、打弹子、弹溜溜”，即玩儿的人各出数枚，输者将丧失对玻璃珠的所有权。玩法通常是“出纲”或“打老虎洞”：在地上画线为界，谁的玻璃珠被打出去就输，叫“出纲”；或在地上挖五个小圆洞，谁先打完五个洞，就变老虎，然后打着谁，就把谁的玻璃珠吃掉，这叫“打老虎洞”。

（三）游戏的作用

游戏是一种符合幼儿身心发展要求的快乐而自主的活动，游戏可以巩固和丰富幼儿的知识，促进其智力、语言等各种能力的发展。与此同时，游戏又是幼儿普遍喜爱的活动，也是最适合幼儿年龄特点的活动形式及幼儿教育中采用特别广泛而又特别重要的教育方式。它不仅接近幼儿生活，带给幼儿快乐，而且还能使其人格得到应有的尊重，使其各种心理需要得到体验，从而有效地促进幼儿健康发展。

因此，即使游戏中存在着各种各样的危险，幼儿的游戏还是要健康地开展下去，不能因为可能发生的危险，而忽视游戏对幼儿成长的重要作用，不能因噎废食。

二、教学设计

【例1】

危险的游戏场所

(一)活动目标

(1)通过阅读画面,知道不能到危险的地方去玩。

(2)能够辨别什么地方危险,听从成人的建议。

(二)活动准备

(1)教室里布置好玩耍的场景、马路的场景、小区场景。

(2)小男孩木偶,成人木偶三个(两男一女)。

(3)小汽车道具,放大的电箱标志图。

(4)教学挂图和幼儿用书。

(三)活动课时

1课时

(四)活动过程

1.导入活动

教师:小朋友们平时都在哪儿玩儿?有没有经常在自己家附近玩儿?你们家附近有什么好玩儿的地方?

2.引发幼儿观看情境表演

(1)使用道具玩耍的场景。

旁白:东东和妈妈从幼儿园回到了家,妈妈系上围裙,准备去做饭。

东东:妈妈,我去外面玩球啦!

妈妈:好的,要注意安全啊。

旁白:东东抱着心爱的皮球,开心地来到小区的广场上玩耍,小区的广场上人真多,小朋友们有的在玩儿轮滑,有的在跳绳,有的在骑小型的自行车,还有的在一起玩儿"老鹰捉小鸡"的游戏。

东东(朝小区门口跑去):这里人真多,都没有地方踢球了,去其他地方看看吧。

(2)在情境表演中了解在马路边玩耍的危险性。

情景表演一：

旁白：东东走出大门，来到大门附近，马路旁边的人行横道上。此时，人行横道行人很少，但是马路上来往的车辆很多。东东看着宽阔人少的人行道，非常开心。

东东：这里人少，就在这里踢球吧。

旁白：就这样，东东在马路旁边踢起了球。突然，他用力一踢，球“嗖”地一下，被踢到了马路上，马路上有很多车辆来来往往，球朝马路中间滚去，东东去追赶跑掉的球，有一辆车差点儿撞到了突然冲上马路的东东，好在司机踩了急刹车，车子停在了东东身边。

司机：小朋友，马路上过往的车辆很多，你在这里玩儿太危险了！

东东：对不起，叔叔，我不在这儿玩了，幸亏司机叔叔刹车及时，要不然太可怕了！

在马路旁边踢球太危险了，还是在小区里面玩耍比较安全。

情景表演二：教师及时引导幼儿讨论思考：东东的妈妈在做饭，东东在哪里玩游戏？发生了一件什么事？小朋友能不能在马路边玩耍？

(3) 在情境表演中了解在电箱旁游戏的危险性。

情景表演

东东（抱着球跑回小区）：在马路边玩太危险。这里人少，地方大，我就在这里玩吧。

旁白：可是，离冬冬近的地方有一个高压电箱，上面写着“高压危险，请勿靠近”。他并不知情，仍在高压电箱旁边玩球。

爸爸（下班回家，看见东东在玩耍）：东东，快过来，以后最好不要在这地方玩耍。

东东：为什么？

爸爸：你身后这个大箱子是个高压电箱，在变电设备旁玩耍很危险，容易触电。

教师及时引导幼儿讨论思考：你看到东东在哪里玩游戏？爸爸对东东说了什么？小朋友说说为什么不能在高压电箱旁边玩游戏？

(4) 引导幼儿观看教学挂图，鼓励幼儿围绕挂图内容进行交流。

幼儿自由的相互交谈，教师深入幼儿中了解幼儿的谈话内容。

教师：小朋友们说一说，还有哪些地方很危险，不能再哪里玩游戏？（教师邀请个别幼儿在集体面前表达，鼓励其他幼儿认真倾听。）

3. 课堂小结

不仅游戏本身存在危险，同时玩游戏的场所也处处有危机，所以小朋友不能在马路边、高压电箱旁边玩游戏，因为在这些地方玩耍容易发生危险，很可能发生碰撞或触电的危险，还很容易走失。出去玩耍时，一定要找个安全的地方。

【简要评析】

通过此活动，幼儿知道了不能去危险的地方玩儿，能够正确地辨别什么地方危险，听从成人的建议。现在马路上的车辆太多，家长应该避免孩子自己在马路上玩耍，同时通过本次活动让孩子们了解到不能到马路旁边或者是人行横道上玩耍，不能在高压电箱旁边玩耍，以及发生危险的原因，知道在外面玩耍时要特别注意安全。①

【例2】

屋里尖尖角

（一）活动目标

（1）认识家中物品的棱边和尖角，了解其中的危险。

（2）在家里玩耍时，要学会躲避家具、墙壁的尖角。

（二）活动准备

“屋子里的尖尖角”的图片、视频，故事《危险的尖尖角》。

（三）活动课时

1 课时

（四）活动过程

1. 导入活动

（1）引导幼儿想一想、说一说家中有哪些尖尖角。

（2）播放多媒体教学资源“屋子里的尖尖角”图片，教师分类介绍家中的尖尖角，如家具角、门框、墙角等。

---

① http：//wenku. baidu. com/link？ url = xoPbmF3Dy2Cw1U7hgjpuZ3k3Xw0MI1uxfPEZIPZW7eSOyU5uGFc1VSs5BsO6hcB63r2bwVtcx_xBkFm8kAjHd0Vp9zvYa7lOI6fDKCgswxq.

2. 讲述故事《危险的尖尖角》，让幼儿了解碰上尖尖角的后果

豆豆和哥哥因为妈妈上班被留在家里了，妈妈上班对豆豆说："在家里玩儿要小心，别磕到。"豆豆欢快地答应了，就跑去找哥哥玩儿了。妈妈上班后，豆豆和哥哥在家里客厅开始玩闹，互相追逐。他们忽略了客厅里方方的茶几，方方的电视柜。豆豆在追逐哥哥的过程中，不小心被绊倒了，他的胳膊磕在了尖尖的茶几角上，瞬间他的胳膊就开始流血，哥哥吓坏了，开始给妈妈打电话，最后妈妈把豆豆送到了医院，从此豆豆再也不在家里随意追逐了。

（1）播放多媒体，讲述关于屋内存在尖尖角的视频。

提问：妈妈对豆豆说了什么？她为什么会这么说？

豆豆和哥哥在家里发生了什么事？为什么会发生这样的事情呢？（教师引导幼儿们逐步分析产生危险的原因，从而使知识具体化，使幼儿们真正意识到危险的存在）

他和哥哥这样玩会有什么危险？（教师通过幼儿们的回答，最后并补充可能发生的危险情况，并告知每种情况会导致的严重后果，使幼儿们对危险有深刻的认识，从而规避危险）

（2）调动幼儿已有经验交流讨论，了解尖尖角的危险（让幼儿们自己总结危险的存在，加深印象，在以后遇到诸类情况能够发现危险，从而避免危险）。

提问：碰到尖尖角会怎么样？

玩的时候怎么躲避尖尖角？（教师引导幼儿里了解尖尖角是很危险的，要远离它们。同时引导幼儿们讨论，如何发现危险，发现危险后又如何预防危险的发生，最后如果发生危险，又该如何求救呢?）

3. 玩游戏：找找幼儿园里的尖尖角

通过这种方法，孩子知道在教室、户外也有很多危险的地方，活动、玩耍时注意躲避，保证安全。

4. 活动延伸

找找自己家里的尖尖角，设计禁止奔跑标志。通过这项活动，有助于幼儿对整体知识的把握，把握了整体知识脉络，幼儿就会开始重视危险，减少事故的发生。同时在家里设置禁跑标志，不仅是对幼儿自己在家时的

提醒，同时也让幼儿们时刻记得哪些场所是危险的。即使不通过认真的思考，也能通过潜意识躲避危险。

5. 课堂小结

场地中的尖尖角是最为明显的危险隐患，如果不重视，大部分幼儿都意识不到尖尖角会带来的重要伤害。这种通过多媒体教学的方式，不仅可以吸引年幼小朋友的注意力，同时也使得教学内容变得简单易懂。这样，知识才会长久地存在幼儿们的记忆中，避免更多危险事故的发生。

【简要评析】

通过此活动的学习，幼儿知道了尖尖角是很危险的地方，这种地方是不能游戏的，能够正确地辨别隐患地带可能存在的危险，听从家长或教师的建议。现在，许多家长和教师都会在家里，或者是幼儿园里找到危险的尖尖角，在它外面包上柔软的塑料。通过各种可能的渠道减少危险的发生。同时这个教学设计方案，运用了浅显易懂的知识，逐步深入地讲述了关于尖尖角存在的危险，使幼儿更容易接受。

三、教学素材

相关案例

幼儿园的户外场地，一位幼儿在自由活动时和同伴追逐奔跑，跌倒在地，牙齿被磕松动，满口是血。意外发生后，园方带幼儿迅速前往一家知名大医院就诊，伤情得到了及时治疗，医生为幼儿受伤牙齿按上护套。园方承担了治疗的费用，并且根据医生说的受损牙齿一段时间内不要咀嚼硬的食物的建议，专门为这名幼儿制定了单独的营养食谱，为他提供松软可口、方便咀嚼、易消化的饭菜和点心，带慰问金到幼儿家中探望。刚开始，家长非常气愤，态度很生硬。一周下来，渐渐地感受到园方真诚、细致、暖心的服务，舒展了眉头……①

---

① http：//wenku. baidu. com/link？ url = CmXvHhwlRW4w5VMA3J8OOq7BsjmV4aBLounpOvi6 - c60h5RhJADEkMuQYk3sgYnXaNWeHlMrMEzgOtBZ5fE1 _ HfHcINCCzNjb52H6 _ H36Whttp：//wenku. baidu. com/link？ url = CmXvHhwlRW4w5VMA3J8OOq7BsjmV4aBLounpOvi6 - c60h5RhJADEkMuQYk3sgYnXaNWeHlMrMEzgOtBZ5fE1_HfHcINCCzNjb52H6_H36W.

四、知识链接

身体安全固然重要，心理健全也要注意

安全是孩子健康快乐成长的前提，由于幼儿缺乏自我保护的能力，因此，安全问题一直是幼儿教育重点关注的问题。我国当前的许多幼儿教育，为了追求安全却以影响孩子终身发展为代价，为了追求身体上的安全，却牺牲孩子的心理健康发展。如此短视的幼儿安全教育着实令人担忧！

那么，现有的幼儿安全教育都存在哪些问题呢？为了确保幼儿的安全，一些家长和幼儿园的做法走向了极端。由于现在大多数家庭为独生子女家庭，孩子是家庭的中心，家长时刻关注着孩子的安全，生怕孩子摔倒、碰到、磕到，近乎达到了神经质的程度。在孩子们玩的地方，总能听到很多“不”，“这不行，太脏了”“那不行，太危险了”。在孩子还没有弄清楚危险是什么的时候，就被家长带走了，根本达不到安全教育的目的，甚至孩子们最喜欢的沙土游戏也只能用铲子或耙子玩，绝对不能用手，有的家长干脆禁止孩子玩沙土。在和邻居小孩发生冲突时，家长第一个冲上去帮忙解决，唯恐自己的孩子吃亏；在幼儿园放学后发现孩子脸上有了抓痕，气急败坏地去找老师理论。把孩子放在家长所做的“茧”里保护起来，生活在“茧”里的孩子们就真的安全吗？再有，就是幼儿园方面的限制活动。一些幼儿园，为了确保幼儿安全，取消大型的户外活动，例如每年两次的运动会（春季和秋季运动会）变成了一次，甚至取消；禁止幼儿玩攀爬架、滑梯等户外大型玩具，以免磕碰；缩短户外活动的时间，每天两小时的户外活动被缩减成了10分钟，成了孩子们课间的小甜点。室内课，更多的要求幼儿静坐，像要求小学生一样要求幼儿，即使课间也禁止嬉戏打闹。

其后果是，首先，影响幼儿自信、独立性、自主性人格的形成。人格是构成一个人思想、情感及行为的独特模式，这个独特模式包含了一个人区别于他人的稳定而统一的典型心理品质。一个人要想在事业上做出成就，其人格因素至关重要。著名心理学家推孟对1 528名天才儿童进行了长达40年的追踪研究，他比较了800名男性受测者中成就最大的20%的

人和成就最小的20%的人，发现这两组人的显著差异是人格特点，成就最大者在谨慎、自信、不屈不挠、进取心、坚持性、不自卑等人格品质上，明显优于成就较小者。为了安全而牺牲孩子们的良好人格品质，这是安全教育的失败。当孩子第一次和邻居孩子发生冲突你第一个冲上去帮忙解决的时候；当孩子第一次用手抓沙子，你高声呵斥“脏，放手”的时候；当孩子第一次从台阶上跳下来，你仍然高声呵斥“别跳，危险”的时候；自信、独立、自主的人格品质已经渐行渐远；相反，自卑、依赖、怯懦的人格品质已注定形成。

其次，限制了感知觉的正常发展。《3—6 岁儿童学习与发展指南》中指出：“幼儿的学习是以直接经验为基础，在游戏和日常生活中进行的。”而直接经验的获得必须直接接触外界刺激，而家长“这不允许孩子碰，那也不允许孩子摸”的安全教育，恰恰剥夺了孩子获得直接经验的途径，限制了其感知觉的正常发展。感知觉虽然是较简单、较低级的心理现象，但它却是一切高级心理现象的基础。例如，记忆、思维、情感等。这样的幼儿安全教育限制了感知觉正常发展的同时，也影响到了幼儿的记忆、思维、情感等方面的健康发展，给孩子的心理健康造成巨大威胁。

再次，就是影响幼儿身体健康发展。孩子似乎天生的精力旺盛，长时间地嬉戏打闹，跑跑跳跳却不知疲倦。如果要求幼儿安静地坐着着实是件困难的事情，过不了多久，他们就会感到疲倦，并出现好多小动作，身体不断扭动，抠抠指甲，踢踢脚，对同学嘻嘻笑，做个鬼脸等。幼儿的好动，是和他们的身体发育的特点有密切关系的。幼儿骨骼肌肉系统发育的特点，使他们不停地活动。幼儿的骨骼肌肉比较柔软，有弹性，脊柱的弯曲还没有定型，肌肉收缩力差，长时间保持同一种姿势，就会使有关肌肉群负担过重。各种活动交替，可使骨骼肌肉各部位有张有弛。活动还可以使骨骼肌肉系统得到充分的血液供给，得到更多的营养，促使其发展。《3～6岁儿童学习与发展指南》中关于提高幼儿的力量和耐力的教育建议也指出：“开展丰富多样、适合幼儿年龄特点的各种身体活动，如走、跑、跳、攀、爬等。”另外，从婴儿 6 个月开始，从母体带来的免疫力开始消失，孩子需要建立自己的免疫系统。如何帮助孩子尽快建立起自身的免疫系统，除了合理的膳食、规则而充足的睡眠、愉悦的心情外，还要有丰富的活动，特别是室外活动。《3～6岁儿童学习与发展指南》中要求，幼儿每天的户外活动时间一般不少于两小时，其中体育活动时间不少于1小时，季节交替时要坚持。

安全其实比成功更重要，但只有促进身心都健康发展的安全才是真正的安全，过度地安全保护只能保障身体上的安全，而让孩子失去心理的安全感，失去心理安全感的孩子长大后会经历更多的不安，甚至可能会给社会带来不安，所以，需要家长、教师深刻理解儿童身心发展规律，转变教育观念，让孩子在安全的环境下成长为一个身心健康的人。①

---

① http：//xueqian. eol. cn/dongtai/201410/t20141011_1188334_1. shtml.

第三课　异物吞食要抛弃

一、教学内容

幼儿因为年龄小，所以，经常会吞食一些不知情的东西，幼儿园教师要教育儿童不要吞食异物。

（一）吞食异物处理办法

近年来，儿童吞食异物的报道屡见不鲜，同时生活中也确实存在不同的情况，所以，对待不同种类的异物吞食，要采取不同的处理办法。

1. 吞下了药物

不要马上催吐，应先判断幼儿吃了什么，吃了多少，什么时候吃的，然后带上幼儿误食药物的容器就医。

已经清楚误吞药物的分量及时间，如果药性不太严重（如少量维生素类药），可给幼儿喝一些牛奶，减低胃里的药性。如果药性严重，应立即去医院在医生的指导下处理，切忌自己想当然地自行处理，加重药物的毒性作用。

针对预防办法：平时食物与药物要分开摆放，且药物应放在高处，让幼儿无法碰触。若为罐装药物，应选择幼儿不易开启的开关设计。

药物的外包装上应有药名，万一幼儿不小心吃下，至少能知道他吞下什么药。

尽量不要在幼儿面前吃药，以免他误以为药物可任意食用。

不要称口服糖浆类药物为糖水，以免幼儿真的当糖水喝。

2. 吞下了尖的物品

如吞入的异物是有棱角或较尖锐的物体，如钉子、大头针、小叉子等，则有可能刺伤口腔、食管及胃黏膜，或卡在消化道内的某一部位。所以一旦发现，家长须立即将幼儿送往医院。

千万别让幼儿服泻药，这是无用而又可能是有害的。比如，回形针等异物，如果药物作用使肠管蠕动加快，很可能使异物钩到肠壁上，甚至引起肠壁穿孔。

针对预防办法：一些有危险的尖尖的物体，不要放在幼儿易触碰的地方。

吃鱼时要把鱼刺挑干净，或是给幼儿吃鱼丸，防止鱼刺进入幼儿消化道。

吃枣的时候一定先去核，一些枣核两端很尖，误吞也可能损伤胃肠。

3. 吞下了圆的物品

幼儿吞入的是光滑、无棱刺的物体，幼儿多仍较安静，无哭闹、呕吐等其他痛苦表现，异物可较顺利地直达胃中，与粪便一起排出体外。此时应适当多给幼儿吃些粗长纤维的蔬菜，如韭菜、芹菜、菠菜，以起到包裹异物并尽早排便的作用。一般来说，在 1 ~ 2 天内异物即可随大便一起排出。如果是扣子、硬币等物，在幼儿排便后，家长应用小棍拨开大便检查，以发现有无异物。如 3 天后异物仍未见排出，则须去医院就诊。

针对预防办法：给幼儿选择合适的玩具，不要给幼儿玩儿易拆卸成小块的玩具。有些玩具标注着不适合 3 岁以下幼儿，买玩具时需要注意。

在吞下异物后，幼儿如果出现腹痛、呕血、黑便甚至血便等症状时，说明有严重的消化道损伤，必须及时去医院就诊。

4. 吞下了干燥剂

首先要初步判断幼儿吃的是哪一种。市面上的食品干燥剂大致有四种：一种是透明的硅胶，没有毒性，误食后不需做任何处理；另一种是三氧化二铁，咖啡色的，具有轻微的刺激性；还有两种白色的粉末，一种是氯化钙，只有轻微的刺激性；另一种是氧化钙，也就是人们常说的生石灰，是白色或灰白色的块状物，有很强的吸收空气中水分的功能。氧化钙遇水变成氢氧化钙的过程中会释放热量，灼伤人的眼睛、口腔或食道。同时，氢氧化钙呈碱性，对口咽、食道有腐蚀作用；如溅入眼中还会引起结膜和角膜的损伤。由于石灰干燥剂成本相对较低，而吸湿率好且持久，因此被海苔、米饼、糖果、鱼干等干燥度要求较高的儿童食品类包装广泛应用。

如果是硅胶的，不用处理。如果是其他的物品，要拿着干燥剂的袋带着幼儿一起去看医生。当不清楚是何成分时，切忌给幼儿喝牛奶或水。

拿到幼儿的用具或者食品要耐心地看清说明，别用习惯来左右你的行动，很多使用信息都会有提示。

仔细检查幼儿的食物，如有干燥剂，要毫不犹豫地扔掉。

5. 吞下了口香糖

口香糖所含的口胶多不被消化，人的肠胃内壁很光滑，并且分泌有大量黏液，口香糖不可能被粘住，吞进肚子后消化不了便会自动排出。多吃点粗纤维类食物，如茴香、韭菜等刺激肠蠕动。

针对预防办法：家长吃口香糖时避开幼儿，5 岁以上再让幼儿尝试。

口香糖要放在幼儿够不到的地方。

6. 吞食玩具零件

教师和家长买玩具看看是不是有小零件：每次给幼儿买玩具的时候，一般首先挑选适合儿童年龄段的玩具，同时挑选质量过关、零件不会轻易掉落的玩具。或者对年龄较小，没有判断力的孩子，选择没有小零件的玩具。比如买玩具熊，有些熊的鼻子、眼睛用的是扣子状的，可以常用手揪揪，看看结实不结实，如果不结实就重新缝，或是收起来。对幼儿来说，一个安全的环境最为重要。①

（二）紧急情况处理办法

许多时候时间就是生命，吞食异物要马上送往医院，但是必要急救手段，也会拯救危急的生命。如果宝宝吞食了异物，要马上确认吃了什么，如果发生窒息，要马上帮宝宝吐出来。如果吃下去的东西吐不出来，堵到气管里，窒息或剧烈地咳嗽，需要马上送往医院急救。如果吃了图钉、别针等尖东西，也要马上急救。如果喝了强酸强碱的液体，也要马上送医院。

1. 紧急处理

（1）如果异物卡到喉咙窒息，马上采取紧急自救法介绍如下。

---

① http：//jingyan. baidu. com/article/49711c61484572fa441b7c95. html.

把宝宝倒拎起来，猛拍宝宝后背双肩胛骨处。

双手从后面搂住宝宝腰部，用一手握拳，拇指顶在上腹部剑突位，另一手用掌用力迅速挤压，重复上述动作。

宝宝头低位，一手握拳，拇指顶在上腹部剑突位，即肚脐的上方，另一手握拳，向后、向上猛烈挤压，动作要快，然后放松，可快速挤压3～5次，也可借助椅背、桌边挤压上腹部，然后放松。

（2）如果不断咳嗽但是能勉强呼吸，要马上送医院急救。

（3）如果吞食了纽扣、电池或别的尖东西，别让宝宝吐，马上送医院。

（4）如果吞食了染发剂、香水、香烟等，让宝宝马上吃母乳或奶粉，稀释后吐出来。

（5）如果吞食了成人的药、烟灰缸里的水，马上边让他吐边送医院。

（6）如果喝了清洁剂、漂白剂、汽油等强酸强碱性的物质，不要喝东西，也不要让他吐出来，而应马上送医院。

2. 事后观察

紧急治疗后，家长或者教师应该积极向医务人员询问相关后续处理办法，同时持续观察儿童的情况，防止异物的遗留，或者病情的恶化。

（1）如果误食了小珠子之类的东西，观察宝宝，若当时没有什么异常，就注意观察其后三天内的大便，检查是否排出来。

（2）如果没有排出来，但是宝宝依然情绪很好，食欲正常，也没有什么关系，如果担心可以咨询医生。

（3）如果误吞了少量的肥皂、牙膏、干燥剂、蚊香片、防虫剂等，注意在家观察情况，没有异常不必担心。

（4）如果之后几天宝宝的情绪不稳、食欲不好，无故哭闹，最好马上就医诊断。

（5）对于平时易便秘的宝宝，可以采用进食粗纤维的食物，以尽快排出异物。①

---

① http：//www.weather.com.cn/life/2015/07/gdt/2360411.shtml.

二、教学设计

【例1】

病从口入

(一)活动目标

(1)通过真实的案例让幼儿懂得随便乱吃东西的危害性。

(2)引导幼儿乐于探索、交流与分享,激发幼儿的想象力。

(3)提高自我保护的意识及应对安全事件的能力。

(二)活动内容

使学生了解到乱吃东西的危害性。

(三)活动课时

1课时

(四)活动准备

(1)真实案例:《卡在喉咙里的五角星》;课件《进餐时》《肚子为什么疼》。

(2)图片:老鼠、苍蝇叮咬过的食物、过期的食物、腐烂变质的食物、假冒劣质的食物。

(五)活动过程

1.《卡在气管里的五角星》

真实案例《卡在气管里的五角星》(教师用故事的形式叙述,可以告诉幼儿这是一个真实的故事)。教师讲解:这是一个真实的故事:一天,5岁的龙龙突然咳嗽不停,而且有时喘不过气来,晚上也睡不好觉。爸爸妈妈立刻带他到医院去检查,结果做很多的检查才判断是得了重感冒,之后住院治疗了一周,病情有所好转,便回家了,可是回到家后,龙龙又咳嗽不停,整天晚上睡不着觉,躺不下,又坐不下,可难受了。爸爸妈妈担心死了。着急的父母又搭车来到了离家很远的医院,最后经过一位有经验的老医生的检查,这位医生从他喉咙的侧面取出了一个铁制的五角星。医生说这个五角星卡住的地方,一般的检查很难发现,幸亏爸爸妈妈及时来到了这里,要不然会有生命危险的。经过医生的精心治疗,龙龙的病终于好了。医生告诉龙龙说："以后，一定不能把一些危险的东西放入口中。"讲述完后提问：

这个故事的名称叫什么？

龙龙的身体好受吗？

一开始，医生检查出五角星了吗？为什么？

龙龙的爸爸、妈妈心情怎样？

最后，医生从他气管里取出了什么？为什么会这样？

医生对龙龙说了什么？

你还知道哪些东西特别危险，不能放入口中？

最后总结：当老师在电视上看到这个真实的故事时，我的心里和龙龙的爸爸、妈妈一样着急，龙龙怎么能把那么大的五角星放入口中，幸亏医生爷爷的高招技术救了龙龙。希望所有的小朋友一定要记住这个教训，千万不能随便往嘴里乱放东西。

2.《进餐时》

内容：幼儿在吃饭时，有的在说笑，有的在扔饭，有的嘴里含着饭在玩玩具，跑闹。

观看后讨论：小朋友这样做，对吗？为什么？

总结：人在吃饭时，饭宝宝都要经过气管，再到胃，如果吃饭时说话、疯闹，饭宝宝就会走错路，也就容易呛伤，严重者可能饭会卡在气管里，会因为喘不上气来而死亡。所以小朋友吃饭喝水时，一定要安静，不能说笑、打闹。

3.《肚子为什么疼》

内容：一天，妈妈从幼儿园接冬冬回家，冬冬非要妈妈买烤肠吃，妈妈只好给冬冬买了两根，冬冬马上吃了。冬冬回到家，看见篮子里盛着许多草莓，抓起来就吃，妈妈说："冬冬，等洗干净了再吃。""我不怕脏。"冬冬吃了很多。夜里，不知为什么冬冬的肚子疼得不得了。

观看后讨论：

小朋友，冬冬的肚子为什么会疼？说一说，你是怎样做的？

观看图片：

老鼠、苍蝇叮咬过的食物。

过期的食物。

腐烂变质的食物。

假冒、劣质的食物。

提问：这些东西你吃过吗？说一说，这些东西为什么不能吃？

总结：大街上的烧烤的东西特别不卫生，而且吃了容易致癌。吃水果之前一定要洗干净。买食物一定要有质量安全标志，保质期内的食物，一些腐烂变质，老鼠、苍蝇叮咬过的假冒、劣质的食物不能吃，否则会食物中毒的。

4. 游戏判断对错

上幼儿园时，没有生病的小红非要妈妈帮她带药到幼儿园。

总结：不生病时，不能随便吃药，否则也会对身体造成伤害，而且爸爸、妈妈的药更不能吃，有可能造成中毒，后果非常严重。

邻居的小哥哥给了小妹妹一个很小的果冻吃。

总结：小朋友听过有很多小孩由于吃果冻而卡住喉咙里喘不过气来而死亡的事情吗？果冻，我们小朋友尽量不吃，即使要吃时，一定要用小勺弄碎了再吃，特别是小的孩子一定不要吃小的果冻。

夏天来了，天气太热，我喝了饮料，又吃雪糕。

总结：夏天天气虽然很热，但也尽量少吃雪糕，因为雪糕太凉容易让胃宝宝难受的。

小朋友拿了一个玻璃球放在嘴里玩儿。

总结：玻璃球是危险物品，千万不要放在嘴里玩儿，否则容易发生危险。①

【简要评析】

对幼儿要进行诸多方面、诸多情况的安全教育。因为幼儿的整体理解能力还不是很强，因此要以不同的形式，多次多教学内容进行强调。同时这样将知识在幼儿的记忆中，不断重复，达到真正能够记住的目的。故事教学对幼儿来说，是比较具有吸引力的，同时也是对幼儿代入感最强的。幼儿经过故事情况的分析，就得知了自己在相关情况下，应该如何去做。

---

① http：//www. jy135. com/kindergarten/anquan/201408/59325. html.

这样加强了幼儿对知识的深层次记忆，有利于学以致用。

三、教学素材

相关案例

对于王女士来说，意外来得是那么突然，她到厨房拿东西前，叮嘱拿着一角硬币玩儿的3岁的儿子，“不要放在嘴里”。一两分钟后，她回到客厅，儿子便遭遇了意外——说吃了硬币，嗓子疼。

王女士乱了套，立即将孩子送到德州市人民医院。

在医院里孩子直说嗓子疼，家长着急求着医生想办法。急诊科医生谭秀岭看到孩子的情况后，对焦急的家长说，不要着急，没有太大问题。因为孩子能说话，他断定硬币没有卡住气管，应该是在食道上端。

通过CT检测，一角硬币的显示位置正是在食道上端，“幸好没有堵住气管，否则生命堪忧。”谭秀岭说。

就在王女士带着孩子上楼准备进一步检测时，孩子一阵咳嗽，竟将硬币咳了出来。“此前也有这样的例子，一位家长倒抱着孩子就来了医院，还没等检测，‘当’的一声硬币掉了下来，家长终于松了一口气。”谭秀岭说，能够自己咳出来的毕竟是少数，多数需要从体内排出，或者手术取出。

值得注意的是，儿童吞食异物的情形时有发生，严重者异物会堵住气管危及生命。据统计，近一个月来，德州市人民医院急诊科共接到两三起此类患者。据德州市“120”急救调度指挥中心的统计数据显示，2014年1月1日至今，共接到吞食异物的报警电话50起，其中小孩占到了1/2。

橡皮、螺丝、电池……孩子们误食的五花八门“食物”。

不仅仅是硬币，孩子们吞食的有橡皮、螺丝、珠子、电池等五花八门的物品。这些物品极有可能在体内引发不良后果，如吞食的电池可能在体内泄漏有毒物质，或堵在肠道内造成肠梗阻。如果是尖锐的物品，则可能刺穿消化道壁。

德州市人民医院急诊科医生谭秀岭提醒，切勿让小孩单独玩耍小于拳头大小的玩具、零件等，更不要往嘴、鼻孔里放，一旦发现孩子异常，应及时就医。

异物进入食道还是幸运的，一旦误入气管，后果将不堪设想。“曾经有这样的病例，吃花生米时，孩子笑出声，结果呛进气管内，家长将孩子送至医院时，孩子已经窒息身亡。”谭秀岭说。①

两岁的孩子看到刚满月的弟弟哭闹，便将自己吃的花生给他喂了两粒。第二天，小宝宝突然呼吸困难，口吐白沫，并出现呛奶现象。家人忙带小宝宝到郑州市儿童医院就诊。

确认是吞入异物后，郑州市儿童医院医生从小宝宝食道中下段取出两粒和食道直径相近的花生米。

2011 年某天，外地一名 1 岁大的孩子吞食了彩笔，卡在咽喉部位，造成呼吸困难。更要命的是，他们在赶往郑州市儿童医院的途中遭遇了高速路堵车。

郑州市儿童医院接到急诊电话后，急忙和高速交警联系，开辟绿色通道。即便如此，时间也耽误了不少，孩子被送进医院时已奄奄一息。为了抢夺时间，医生来不及实施麻醉就必须进行手术。所幸，孩子得到了及时治疗，保住了性命。

2012 年 3 月 21 日，一名 3 岁的小孩不小心吞下了一粒纽扣电池，因发现较晚，在被送往郑州一家医院进行手术时，电池已经腐蚀了周围的器官。最终，年仅 3 岁的小孩没能走下手术台。

四、知识链接

异物不仅仅会被孩子吞食，很多时候，异物也会通过其他方式进入人体。

（一）异物入眼

孩子在野外玩耍的时候，有时，空气中的灰尘、小虫子，难免会进入

① http：//www.dezhoudaily.com/news/dezhou/folder135/2014/10/2014 - 10 - 17745540.html.

孩子的眼睛中，如果处理不及时或使用的方法不适当，异物会损伤孩子的眼角膜，严重者甚至会影响视力，当孩子的眼睛中进入异物后，该怎么办呢?

当孩子的眼睛中落入灰尘等细小的异物后，要让孩子立即闭上眼睛，由于眼睛中进入了异物，会刺激泪水的分泌，从而使得一些细小的灰尘和颗粒被泪水冲出来。千万要记住，不要让孩子用手揉眼睛，因为揉眼睛的过程中，很有可能会把异物揉到眼睛的角膜上，损伤眼角膜，如果处理不及时，严重者，还会影响视力。如果孩子很小，家长最好把孩子的双手按住，以免在不注意的时候，孩子揉眼睛。

如果有条件，在孩子的眼睛中进入异物后，可以使用生理盐水冲洗眼睛，生理盐水可以把进入眼睛中的一些细小的灰尘冲出来，如果在家里没有生理盐水，也可以使用凉白开水，用干净汤勺舀白开水冲洗眼睛。

如果在公路上或公园里玩的时候，孩子的眼睛中突然进入小虫子或小沙粒，家长可以先询问孩子眼睛不舒服的部位，如果异物在下眼睑，可以直接用手拉下下眼睑，尽量把眼睑向下拉，因为异物一般会出现在眼睛的睑结膜和球结膜相交的部位。当发现异物后，家长可以使用干净手绢的边角部位挑出异物。

如果孩子感觉上眼睑不舒服，家长可以把孩子的上眼睑翻开，取出异物。翻开孩子上眼睑的方法是：让孩子的眼球向下看，最好是看孩子脚的部位，然后家长用手的拇指和食指一起，轻轻地捏起上眼睑，把上眼睑翻起，看看上眼睑的穹窿部位，是否有异物，如果有异物，可以用干净的棉签轻轻将异物挑出，然后，慢慢放下孩子的上眼睑就可以了。

如果孩子的眼睛在进入异物后，家长没有发现异物，并且在使用生理盐水冲洗眼睛后，孩子仍然感到眼睛不舒服，有摩擦感，这时最好带孩子到医院就诊，因为很有可能异物嵌在孩子的眼角膜上面，家长千万不要在家中使用尖锐的物件挑出异物，因为这样做很有可能会对眼角膜造成损伤，正确的做法是迅速带孩子到医院眼科就诊。

当孩子在玩耍的时候，眼睛中不小心进入生石灰时，要首先用棉签或干净毛巾擦掉生石灰，把眼睛中的生石灰擦干净后，再用清水冲洗，并且还要及时带孩子到医院检查治疗。当孩子的眼睛中进入其他化学物品的时候，最好立即带孩子到医院治疗。

如果孩子的眼睛中异物存在的时间比较长，在异物取出后，可以滴用具有消炎作用的眼药水进行治疗。[①]

（二）异物进入耳朵

耳朵里面进入异物时，一定要谨慎行事，根据具体情况分别对待：

1. 当遇上耳朵进水时

（1）单脚跳。如果小孩耳朵进水，可以帮助他将进水的耳朵朝下，然后单脚跳，有异物的情况也一样。

（2）将水吸出。或者用棉签、卫生纸轻轻深入耳中将水吸出来，深入的过程中一定要把握分寸，宝宝的耳道浅，非常细嫩，很容易受伤。

2. 当遇上耳朵进入昆虫时

（1）晃动头部使异物脱出。使患者处于头低位，帮助他来让他自己用力晃动头部。

（2）取出异物。如果异物不脱出，应看耳道内异物的位置。如果你看到较软的异物（昆虫除外）时，可以用镊子将其取出。这时候要注意：不要试图刺戳异物，不要取像豆子一类的硬的异物。

（3）如果耳道内为活的昆虫，应先用少量的油醋或酒精将其杀死，这样可以减轻疼痛，然后将温的油倒进耳朵，使其浮出。使耳道中的昆虫浮出。使患耳向上，轻轻向上或向下牵拉外耳，用少量矿泉水、橄榄油倒入耳道，这样就可以使昆虫浮起并脱出耳道。

（4）如果有小飞虫跑进去，可以先用手电筒照射（因为小虫子都有趋光性），如果小虫子仍不出来，可以用橄榄油1～2滴进行杀虫，再让宝宝用力擤鼻子（按住没进入异物的鼻孔，用力擤）擤出异物，如果还是没法解决则应尽快带小宝宝去医院耳鼻喉科就诊。

3. 其他情况

当一些小东西，如弹珠、小积木、大头针等，进入宝宝的鼻子或耳朵里，却拿不出来的时候，千万不能勉强，应该立即带着宝宝去耳鼻喉科就

---

① http://jingyan.baidu.com/article/851fbc37bf61363e1f15abdc.html? st=2&net_type=&bd_page_type=1&os=0&rst=.

诊。如果异物比较牢固地嵌在耳道中，应立即去医院接受治疗。①

（三）异物进入鼻腔

1. 常见的鼻腔异物

幼儿常常出于好奇，将小的异物塞入鼻腔造成伤害。常见的鼻腔异物有棉花球、纸团、豆粒、糖丸等，多半是在无意中放入的。

年龄小的孩子玩豆子、栗子、巧克力糖豆等东西时，会不小心塞到鼻孔里。塞进鼻孔时，孩子会用自己的手去取它，却反而把它推到了深处。

2. 鼻腔异物的处理办法

一旦孩子鼻腔进了异物，家长最好将孩子送往医院请医生帮忙处理，如果像豆子、栗子、巧克力糖豆这样光滑的东西进入鼻子，千万不要自己用镊子去夹，因为只有耳鼻喉科才有能夹住这些东西的器具。

如果距离医院较远，一时间不便去医院，家长可小心地尝试采用以下办法进行处理：用手指将没有异物的一侧鼻孔压紧，让孩子做擤鼻涕动作，将异物喷出来。用棉花或纸捻刺激鼻黏膜，使孩子打喷嚏，将异物喷出。让孩子用手将两只耳朵捂住，家长用手指压住没有异物的一侧鼻翼，使这里不漏气，然后用嘴巴对准孩子的口腔轻轻吹气，利用气流将鼻腔中的异物冲出来。有时异物在孩子鼻腔内没有被及时发现，因此一旦发现孩子鼻腔呼出臭味或经常流脓血样鼻涕，家长应及时带孩子去医院检查，看看是否鼻腔内有异物。②

---

① http：//jingyan. baidu. com/article/19192ad847a350e53e5707c7. html.

② http：//wenku. baidu. com/link? url = RWcyYNTiGsn_OASrtFKkK33NunKXYXbuDgxLmaCuGOC9ciHvUZvF4TQP9sKj - ASLQSb2vePhtRiq6JhpbtExrgBgXC1QGz8km_2fj7TTLWm.